Kirsten Gerberding · Sofie Albert-Meisieck

Augenweide und Gaumenfreuden

ZABERT SANDMANN

Inhalt

Frühling

Sommer

Herbst

Winter

Vorwort

Können Küche und Kunst miteinander in Einklang gebracht werden? Lassen sich zeitgenössische Malerei und Rezepte aus dem Küchenalltag zu einem anspruchsvollen Buch verbinden? Wir, die Autorinnen, haben dies als Herausforderung angesehen und ein Buchkonzept entwickelt, das versucht, das Thema Kochen im Jahreszeitenrhythmus mit den Mitteln moderner Malerei darzustellen und bildhaft zu machen. Dabei hat dieses Buch auch einen ganz handfesten Ausgangspunkt. Der Reiseleidenschaft und der Neugier von Sofie Albert-Meisieck, stets Neues, fremde Länder und fremde Küchen kennenzulernen, ist die umfassende Rezeptsammlung zu verdanken, die als Basis diente. Damals noch als »book for cooks« betitelt, verwandelte sich diese Rezeptsammlung mit dem entsprechenden Engagement der Autorinnen zu dem heute vorliegenden Buch.

Alles, was die Kunst an Inhalten und Werten wie Sinnlichkeit, Kultur, Simplizität, Dramatik, Schönheit, Energie, Liebe, Genuss, Farbe, Form auszudrücken in der Lage ist, spiegelt sich auch in der Kunst des Kochens wider. Doch wie wird daraus »Augenweide und Gaumenfreuden«? Die Gaumenfreuden stehen für die Küche: Die Küche wird im Spiegel der Jahreszeiten vorgestellt, jeder Monat hat als

Schwerpunkt ein saisonales Produkt. Das heißt, dass beispielsweise Erdbeeren nicht im Winter als Importerzeugnisse verzehrt werden, sondern dann verwendet werden, wenn sie in hiesigen Breitengraden reif sind und ihr typisches Aroma in die Küche zaubern.

Das besondere Produkt des Monats – ob Gemüse, Wild, Fisch oder Fleisch – steht in diesem Buch im Vordergrund. Wir haben uns für die vielen Variationsmöglichkeiten des Produkts, ob als Vor- oder Hauptspeise, entschieden. In dem Menü, das jedem Monat vorangestellt ist, wird das saisonale Produkt in ein harmonisches Umfeld eingebettet. Gerade hier schließt das Buch eine Lücke, denn klassische Ungereimtheiten einer Menükomposition – wie beispielsweise nach einer gebundenen Suppe weißes Fleisch zu servieren – geschehen immer wieder.

Die Küche dieses Buches ist anspruchsvoll. Sie ist international, aber in ihrer Handhabung ganz und gar pragmatisch. Die Rezepte sind in einer Küche entstanden, in der mit Herz und Engagement gekocht wird, die aber weder über die Weitläufigkeit noch über das technische Know-how eines Küchenprofis verfügt.

Neben schlichtem Handwerkszeug, ohne das auch in der Küche nichts geht, ist das Kochen immer noch ein schöpferischer Akt. Kreativität und Spontanität, verbunden mit einer Portion Neugier, machen Innovationen in der Küche erst möglich. Gerade darin begründet sich die Parallelität zwischen Koch und Künstler. Hier schlägt das Buch die Brücke zur Kunst.

Mein Interesse an der bildenden Kunst der aktuellen Leipziger Schule und meine persönlichen Kontakte zu den Künstlern haben mich dazu inspiriert zu zeigen, welch sensible Synergien Kunst und Küche eingehen können, wenn ihnen ein Forum gegeben wird. Einzigartig repräsentieren fünf Künstler der Leipziger Schule für Grafik und Buchkunst in ihrem künstlerischen Reichtum, ihrer Differenziertheit und Dramatik die Leipziger Kunst im Heute.

»Augenweide und Gaumenfreuden« soll Herz und Seele höher schlagen lassen und Auge und Gaumen erfreuen. Es begleitet einmal still und kontemplativ unseren Alltag und ist im nächsten Moment ein ganz und gar kompetenter Ratgeber in der Küche.

Die guten Dinge im Leben sind bekanntlich einfach. Wer mit Leib und Seele kocht und experimentiert, wer den verführerischen Duft und das Aroma einer Speise erspürt und ihm erliegen kann, wem Farbe und Form des Angerichteten Lebensfreude und Qualität vermitteln – der wird mit diesem Buch einen kulinarischen Augenschmaus erleben.

Kirsten Gerberding

Prolog

Pieter Bruegel d. Ä., Schlaraffenland,
Holz, 52 x 78 cm, 1566, München, Alte Pinakothek

Auch Durst nach »Gaumenpfirsichsaft«, wie ihn Gottfried Benn in seinem Gedicht »Das sind doch Menschen« mit expressiver Sinnlichkeit zum Ausdruck bringt, könnte in diesem kulinarischen Buch gestillt werden. Denn wenn Künstler des Auges mit einfühlsamen malerischen Fähigkeiten alltägliche Zusammenhänge wie Essen und Trinken in Monatsbildern versinnlichen, so kultivieren sie elementarste Bedürfnisse des Menschen. Ihren Aufbruch ins Imaginäre – provoziert von den Initiatorinnen dieses Bandes – füllen sie mit großer, klarer und nachfühlbarer Anschaulichkeit: Volker Stelzmann für Dezember, Januar und Februar; Michael Triegel für die drei folgenden Monate; Hartwig Ebersbach für Juni bis August und Andreas Wachter auf September, Oktober und November bezogen.

Ihre poetischen »StillenBilder« unterscheiden sich in fast allen Punkten. Sie sind grundverschieden. Und das nicht nur hinsichtlich ihres Temperaments, sondern vor allem ihrer gedanklichen Entscheidungen und ihres malerischen Duktus wegen. Während Stelzmanns nahsichtig gegebener Kohlkopf mit den vier Äpfeln, seine Zitronen und seine beiden Brote mit einem Baguette sich wie schwerblütige, monochrome Botschaften für das Winterviertеljahr ausnehmen – sie bilden einen Rhythmus von Grün über Gelb zu einem Beige –, definiert Triegel mit akribischer Feinmalerei das zur Schlachtbank zu führende Schaf im Arm einer messerbewehrten Hl. Agnes (März), die unwirklich schwebenden Muscheln zusammen mit einem gebratenen Hähnchen und einem Wasserglas (April) und ein Früchtestillleben aus Spargel, Artischocke und Granatapfel (Mai). Genauso grell wie präzise erscheinen sie mit vielteiligem Arrangement in wohlüberlegter Komposition. Mit Ebersbachs stürmischer und burlesker Leidenschaft, mit seiner farbwühlenden Heftigkeit lässt er sein Alter Ego »Kaspar« mariniert, terriniert und fischgetellert erscheinen, um so über die koloristischen Dominanzen Blau, Gelb und Rot für Juni, Juli und August Nuancen, aber auch Verwandtschaften zu beleben. Andreas Wachter verifiziert in einem händebetonten Bild fast lehrhaft für den September eine »deklamierte« Quitte, für Oktober Hühner, Weintrauben, Nüsse bei weitem Horizont mit der Erscheinung eines Mannes mit Hund im Hintergrund. Im November sitzen zwei Männer und zwei Frauen zusammen mit einer schemenhaften Assistenzfigur um den Tisch, verharrend in der gerade eingenommenen Pose. In der Mitte ein gefüllter Teller, der Rätsel aufgibt. Die Psychologie der Konversation und des zugleich einsam bleibenden Einzelnen ist in Gesten verlagert, deren Bedeutung sich dem Betrachter entzieht und die Szene mit einem eigenartigen Schweigen erfüllt.

Eingebettet und umgriffen werden diese Monatsdarstellungen von den sensiblen vier Jahreszeiten-Aquarellen Werner Tübkes. Im Gegensatz zu den im Dialog mit Kirsten Gerberding entwickelten zwölf Gemälden stammen Tübkes Blätter aus dem Vorratsschrank seines Ateliers: die Frühlingsversion »Capri – Villen am Meer« von 1995, »Ein Morgen bei Athen« und »Bei Kamini/Hydra« von 1982 für Sommer und Herbst sowie der »Regentag im Dombaital« von 1977 für den Winter. Italienischer und griechischer Sehnsucht, glaubhafter Orientierung vor Ort danken sie ihre Entstehung und gern spricht man nach, was der Künstler 1979 über solche sensualistischen »Notizen« schrieb: »Die äußerste Lust an unmittelbarer Naturanschauung nimmt zu. Das wäre vorzüglich, ja bildnotwendig beim ständigen Balancieren im Gedanklichen.« Seine

Fähigkeit, atmosphärischen Gehalt in der vertiefenden Abfolge von Vorder-, Mittel- und Hintergrund in Aquarellen zu charakterisieren, schließt den Natura-morte-Kreis der mit ihm, sei es biographisch oder künstlerisch, verbundenen Künstlerkinder und -enkel. Denn alle entstammen sie der Leipziger Hochschule für Grafik und Buchkunst. Ein Panorama wird ausgebreitet, das sich vor allem durch die Wiedererkennbarkeit des Geschauten auszeichnet. Dazu kommt die zu bewundernde, individuell spürbare und je anders ausfallende Charakteristik sowie ihre Belebung.

Hieronymus Bosch, Die sieben Todsünden und die vier letzten Dinge,
Öl auf Holz (Tisch), 120 x 150 cm, Madrid, Prado

Mit den 16 Bildern werden Spannung, Vitalität und Kreativität, wie sie durch Essen und Trinken, wie sie durch die Empfänglichkeit für Jahreszeiten und den davon abhängigen Empfindungen erspürt werden können, versinnbildlicht. Eigentlich nimmt der Mensch etwas Totes zu sich, auch wenn es der botanische oder zoologische Extrakt geronnenen Lebens ist. Sein Körper aber verdankt ihm lebensstärkende Impulse. Aus toter Physis werden die Lebensgeister aufgefeuert oder umgekehrt erschöpft. Immer ist es eine Frage der Dosierung, des richtigen Äquivalents und der bewusst gesuchten Dialektik zwischen Begehren und Sichverweigern. Hunger und Durst auszuhalten vermag schöpferisch zu stimulieren, sodass es kein Wunder ist, wenn es hier oder dort als »Droge« instrumentalisiert wird, die süchtig machen kann. So banal die Vorgänge sind und so kontradiktorisch die inneren Bezüge von »Totes essen« und davon ausgehender »Lebenswirksamkeit« erscheinen, so erlebnisreich und genussfördernd sind Essen und Trinken noch von einer anderen Seite: Weil das Auge mitisst, entsteht optische Lust. Art und Weise der Darbietung, organisierte Anordnung eines gedeckten Tisches und seine Dekoration steigern die Affinität des Menschen. Seine Abhängigkeit von Essen und Trinken weicht dem Besonderen, zu dem sie werden. Je schöner und faszinierender Essen und Trinken präsentiert werden, desto verführerischer und besiegender erfassen sie den Menschen, beflügeln ihn, regen sein Leben auf, wecken neue und andere Sehnsüchte, die auf gesteigerte Erfüllung aus sind.

»Ob sie je geliebt haben
(außerhalb des Bettes)
brennend, verzehrt, wüstendurstig
nach einem Gaumenpfirsichsaft
aus fernem Mund ...?«

Nicht nur Benn weiß, dass Passivität des Schauens in Aktivität des Suchens, Kombinierens übergeht und Eros auf den Plan ruft. Immer ist, wie Paul Tillich sagt, die Grenze der eigentliche Ort der Erfahrung. Nichts anderes hatte Hieronymus Bosch in seinem die sieben Laster zeigenden Madrider Tisch vor dem Hintergrund der »Vier letzten Dinge« zum Ausdruck bringen wollen. Der Darstellungsabschnitt über die »Gula« wurde zu seiner Zeit von Le Grant so beschrieben: »Durch Völlerei verliert der Mensch Sinn und Verstand und enthüllt oft seine verborgene Torheit. Völlerei läßt den Menschen früh alt und häßlich werden und in der Trunkenheit stößt der Mensch vielerlei Geräusche aus und wird wie das Vieh (1487).« Pieter Bruegel d. Ä. hat diese Urerfahrung später ins Schalkhafte, aber nicht weniger dramatisch Ernste gewendet in seinem 1566 datierten Münchener »Schlaraffenland«. Da sieht man das irdische Paradies für Schlemmer und Faulpelze. Im Zustand glücklichsten Sattseins sind Ritter, Bauer und Gelehrter kaum treffender geschildert worden, wie sie um den immer üppigen Tisch, wie an ein Rad, schicksalhaft geschmiedet erscheinen. Essen und Trinken als animalische Freude und Versuchung beschleunigen unseren Verwandlungsprozess, der schon ohnedies in den Dingen und ihrem Verbrauchtwerden angelegt ist.

Dass die fünf Künstler, die dieses Terrain hier bildlich umspannen, einer Region, einer Stadt, deren Malereigeschichte sich in den letzten 50 Jahren kräftig eingeprägt hat, ihre Eigenart danken, dass dieses Leipzig im Sinne einer unzeitgemäßen, erfrischenden Kunstposition auflebt, vermögen die Monats- und Jahreszeiten-Ansichten wunderbar auszudrücken.

Dr. Herwig Guratzsch
Direktor des Museums
der bildenden Künste Leipzig

Werner Tübke

Früh

Osterspaziergang

Vom Eise befreit sind Strom und Bäche
Durch des Frühlings holden, belebenden Blick;
Im Tale grünet Hoffnungsglück;
Der alte Winter, in seiner Schwäche,
Zog sich in rauhe Berge zurück.

Von dorther sendet er, fliehend, nur
Ohnmächtige Schauer körnigen Eises
In Streifen über die grünende Flur;
Aber die Sonne duldet kein Weißes,
Überall regt sich Bildung und Streben,
Alles will sie mit Farben beleben.

JOHANN WOLFGANG VON GOETHE

Michael Triegel

März

Die Natur räkelt sich aus tiefem Schlaf, erste Sonnenstrahlen erwärmen Flora und Fauna. Der Waldrand duftet feucht nach Erwachen. Zartes Grün und Märzenbecher sind erste Boten des beginnenden Frühlings.

März

Menü

Zitronengrasconsommé
mit
Basilikumklößchen

Mediterrane Lammkeule
auf
Kartoffel-Gemüse-Bett

Tarte truffée
auf Vanillesauce und
frischen Früchten

Kressesuppe mit pochiertem Wachtelei

1. Die Zwiebel schälen und in feine Würfel schneiden.

2. Butter erhitzen und die Zwiebelwürfel darin glasig dünsten.

3. Mit Gemüsebrühe auffüllen und etwa 10 Minuten bei kleiner Hitze kochen lassen, sodass die Brühe etwas reduziert wird.

4. Die Kresse säubern, verlesen und zur Brühe geben (etwas Kresse zur Dekoration beiseite legen).

5. Die Suppe mit dem Stabmixer pürieren und mit der Sahne auffüllen. Mit Salz und Pfeffer abschmecken.

6. Die Wachteleier in einer Suppenkelle einzeln aufschlagen und in kochendem Wasser mit Essig nacheinander pochieren. Auf Küchenpapier abtropfen lassen.

7. Die Suppe in Suppenteller oder Tassen füllen, je ein pochiertes Wachtelei darauf setzen und mit etwas Kresse dekorieren.

Tipp: Um die Suppe etwas sämiger zu machen, kann man über die gedünsteten Zwiebeln 1 gehäuften Esslöffel Mehl geben, kurz anschwitzen und mit der Gemüsebrühe ablöschen.

- 1 kleine Zwiebel
- 50 g Butter
- 800 ml Gemüsebrühe
- 2 Bund Kresse
- 200 g Sahne
- Salz und Pfeffer
- 4 Wachteleier
- 2 EL Essig

Zitronengrasconsommé mit Basilikumklößchen

1. Das Suppenhuhn gründlich von innen und außen waschen. Mit den Lorbeerblättern und dem Suppengrün in einen Topf geben und mit kaltem Wasser bedecken. Zum Kochen bringen und etwa 1 Stunde köcheln lassen.

2. Das Huhn herausnehmen und die Brühe durch ein Sieb gießen. Zum Klären der Brühe das Eiweiß unterrühren und etwa 10 Minuten köcheln lassen. Die Brühe durch ein mit einem Mulltuch ausgelegtes Sieb gießen.

3. Das Zitronengras in 3 cm lange Stücke schneiden, zur Brühe geben und 30 Minuten darin köcheln lassen. Das Zitronengras herausnehmen und die Essenz mit Salz und Pfeffer abschmecken.

4. Für die Basilikumklößchen das Eigelb mit dem Mehl, dem Basilikum und dem Wasser zu einem glatten Teig verrühren, mit Salz, Pfeffer und Muskatnuss abschmecken.

5. Mit einem Teelöffel Klößchen abstechen, in Salzwasser etwa 5 Minuten ziehen lassen. Vor dem Servieren in die Zitronengrasconsommé geben.

- 1 Suppenhuhn (1,2 kg)
- 3 Lorbeerblätter
- 1 Tasse klein geschnittenes Suppengrün
- 2 Eiweiß
- 5 Zitronengrasstangen
- Salz und Pfeffer
- 2 Eigelb, 3 EL Mehl
- 1 EL fein gehacktes Basilikum
- ca. 4 EL Wasser
- Muskatnuss

Fenchelrisotto

2 Tomaten
2 Fenchelknollen
300 ml Geflügelfond
150 g Risotto-Reis
3 EL Olivenöl
1 fein geschnittene Zwiebel
1 kleine Knoblauchzehe
6 grüne Oliven
30 g Butter
30 g gehobelter Parmesan
Salz und Pfeffer

1. Stielansatz der Tomaten entfernen und die Haut kreuzweise einschneiden. Die Tomaten mit heißem Wasser überbrühen, etwas abkühlen lassen, häuten, entkernen und das Fleisch in Würfel schneiden.

2. Fenchel putzen, das Fenchelgrün beiseite legen und die Knollen klein schneiden.

3. Den Geflügelfond aufkochen und den Fenchel darin weich kochen. ⅔ des Fenchels herausheben und den restlichen Fenchel mit dem Fond pürieren.

4. Den Reis in einem Sieb mit kaltem Wasser abspülen. Olivenöl erhitzen, die Zwiebel und den durchgepressten Knoblauch mit dem Reis kurz andünsten. Den Fenchelfond angießen und den Reis 20 Minuten garen. Er soll noch etwas Biss haben. Gelegentlich umrühren.

5. Den restlichen Fenchel sowie die klein geschnittenen Oliven und die Tomaten zum Reis geben.

6. Die Butter und den Parmesan unter den Reis rühren und mit Salz und Pfeffer abschmecken. Das Risotto mit dem Fenchelgrün dekorieren und servieren.

Tipp: Fenchelrisotto passt sehr gut zu gebratenen Garnelen oder Lotte de mer.

Lammterrine

10 g getrocknete Steinpilze
150 g Schinkenwürfel
1 EL Olivenöl
1 Zwiebel, 2 Knoblauchzehen
100 g fetter Speck
2 Scheiben Toastbrot
400 g Lammhack
200 g Rindertartar
1 Glas Rotwein
1 Ei, 12 grüne Oliven
1 Tasse getrocknete Tomaten
je 1 gehäufter TL Thymian, Rosmarin und Oregano
Salz und Pfeffer
200 g fetter Speck (in Scheiben)

1. Die Steinpilze in einer Tasse mit kochendem Wasser einweichen. Die Schinkenwürfel in Olivenöl anbraten.

2. Zwiebel und Knoblauchzehen schälen, Zwiebel klein schneiden, Knoblauch durchpressen und beides zu den Schinkenwürfeln geben. Kurz mitdünsten. Pilze mit dem Einweichwasser dazugeben und etwas reduzieren lassen.

3. Die Masse ein wenig abkühlen lassen und im Mixer zusammen mit dem klein geschnittenen Speck und den Toastbrotscheiben kurz pürieren. Lammhack und Tartar untermischen. Den Rotwein, das Ei, die gehackten Oliven, die Tomaten und die Kräuter untermischen, mit Salz und Pfeffer abschmecken.

4. Eine Kastenform mit den Speckscheiben auslegen, die Terrinenfarce einfüllen und die Form dabei fest aufklopfen, um Zwischenräume zu füllen. Mit den restlichen Speckscheiben bedecken und bei 200 °C im Wasserbad im Backofen etwa 60 Minuten garen.

5. Anschließend gut abkühlen und vor dem Verzehr einen Tag ruhen lassen.

Tipp: Zusammen mit Cumberlandsauce (siehe S. 57), Preiselbeerkompott und/oder Blattsalaten anrichten.

Mediterrane Lammkeule

1. Bereits am Vortag die Lammkeule vorbereiten. Dazu den Salbei und Thymian waschen und trockentupfen. Die Zwiebel und Knoblauchzehen schälen und klein schneiden. Oliven und getrocknete Tomaten ebenfalls fein hacken. Mit Tomatenmark, Senf und 3 Esslöffeln Olivenöl zu einer cremigen Paste verrühren und mit Salz und Pfeffer würzen.

2. Die Lammkeule von allen Seiten damit dick bestreichen und 24 Stunden ziehen lassen.

3. Die Kartoffeln schälen, Zucchini und Auberginen putzen und waschen und alles in etwa 1 cm große Würfel schneiden. Die Kartoffelwürfel kurz in Salzwasser blanchieren. Die Gemüsewürfel in 3 Esslöffeln Olivenöl kurz anbraten und zusammen mit den Kartoffelwürfeln und den geschälten Tomaten in einen Bräter geben.

4. Die Paste von der Lammkeule entfernen und zu dem Gemüse geben. Die Keule von allen Seiten kräftig in der Pfanne anbraten und auf das Gemüsebett legen. Mit Lammfond und Rotwein begießen und bei 180 °C 1 ½ bis 2 Stunden (je nach Dicke der Keule) garen. Dabei immer wieder mit dem Fond übergießen.

5. Kurz vor Ende der Garzeit die Tomaten waschen, vierteln und zu der Keule geben.

Tipp: Dazu einen kräftigen Rotwein servieren.

1 Bund Salbei, 1 Bund Thymian
1 Zwiebel, 2 Knoblauchzehen
je eine Hand voll grüne und schwarze Oliven und getrocknete Tomaten
3 EL Tomatenmark
1 EL körniger Senf
6 EL Olivenöl, Salz und Pfeffer
1 Lammkeule
1 kg Kartoffeln, 2 Zucchini
2 Auberginen, 1 kleine Dose geschälte Tomaten
300 ml Lammfond
200 ml Rotwein
250 g Tomaten

Lammragout in Weißwein

1. Den Schinkenspeck im Olivenöl anbraten. Das Lammfleisch in 2 cm große Würfel schneiden, dazugeben und von allen Seiten kräftig anbraten. Mit dem Lammfond und dem Weißwein ablöschen und 60 Minuten bei milder Hitze schmoren.

2. Den Saft und die abgeriebene Schale der Limette zufügen, mit Crème fraîche binden und mit Salz und Pfeffer abschmecken.

Variation: Gehackte grüne Oliven und/oder Kapern unter das Ragout mischen.

Tipp: Dazu Weißbrot, Pasta oder Reis reichen und Weißwein servieren.

150 g Schinkenspeck
2 EL Olivenöl
100 g Lammfleisch (aus der Keule)
400 ml Lammfond
400 ml Weißwein
Saft und Schale von 1 unbehandelten Limette
150 g Crème fraîche
Salz und Pfeffer

Pasta mit Scampi

500 g rohe Scampi
Saft von 1 Zitrone
1 Zwiebel
1 Knoblauchzehe
1 EL Olivenöl
250 ml Weißwein
1 Bund glatte Petersilie
6 Tomaten
Salz und Pfeffer
500 g Spaghetti
nach Belieben 1 Chilischote

1. Die Scampi in etwa 1 cm lange Stücke schneiden und mit Zitronensaft beträufeln.

2. Zwiebel und Knoblauchzehe schälen und fein hacken. Im Olivenöl glasig dünsten. Die Scampistücke dazugeben und kurz anbraten. Die Hitze reduzieren.

3. Mit Weißwein ablöschen und etwa 10 Minuten köcheln lassen.

4. Petersilie waschen, trockentupfen und fein schneiden. Tomaten waschen, entstielen und in Würfel schneiden. Die fein gehackte Petersilie und die Tomaten hinzufügen und mit Salz und Pfeffer abschmecken.

5. Die Spaghetti inzwischen in Salzwasser mit einem Schuss Olivenöl »al dente« kochen und mit der Scampisauce servieren.

Tipp: Wer es gerne scharf mag, gibt zu den Scampi eine kleine, gehackte Chilischote.

Schweinefilet in Blätterteig

1 Zwiebel
200 g Pilze (z. B. Champignons, Pfifferlinge oder Steinpilze)
1 großes oder 2 kleine Schweinefilets
Butterschmalz zum Anbraten
Salz und Pfeffer
1 EL Kräuter der Provence
150 g Crème fraîche
Muskatnuss
1 Paket Tiefkühlblätterteig
1 Ei (getrennt)

1. Zwiebel schälen und klein schneiden. Pilze trocken abreiben und in feine Scheiben schneiden.

2. Das Schweinefilet in etwas Butterschmalz von allen Seiten kurz und kräftig anbraten, mit Salz und Pfeffer würzen. Aus der Pfanne nehmen.

3. Zwiebel und Pilze in der Pfanne dünsten. Die Kräuter der Provence und die Crème fraîche dazugeben und mit Salz, Pfeffer und Muskatnuss abschmecken.

4. Den aufgetauten Blätterteig ausrollen und das Filet im Ganzen oder in Stücke geschnitten darauf verteilen. Die Pilzcreme darüber geben, die Teigränder mit Eiweiß bestreichen und die Pasteten sorgfältig verschließen. Mit verrührtem Eigelb bestreichen und bei 180 °C im vorgeheizten Backofen etwa 40 Minuten backen.

Tipp: Mit einem bunten Salat oder einer Gemüseplatte servieren (nicht zu viel Beilage, da der Blätterteig sehr sättigend ist). Schweinefilet ist eine Alternative zum Lamm für das Ostermenü.

Parfait von weißer Schokolade

1. Die Milch erhitzen, das Mark der aufgeschnittenen Vanilleschote und die ganze Schote hineingeben und 5 Minuten ziehen lassen. Die Schote entfernen und die Kuvertüre in der warmen Milch langsam schmelzen lassen. Anschließend die Schokoladenmilch abkühlen lassen.

2. Die Sahne steif schlagen und unter die Schokoladenmilch heben. In der Eismaschine etwa 30 Minuten rühren lassen und anschließend in einer mit Frischhaltefolie ausgelegten Kastenform tiefkühlen.

3. Wenn man keine Eismaschine hat, rührt man die Masse während des Gefrierens immer wieder kräftig um. Das Parfait wird dann geschmeidiger.

Tipp: Zum Servieren die Kastenform kurz in heißes Wasser tauchen, das Parfait mithilfe der Folie herausheben und in Scheiben schneiden. Das Schokoladenparfait auf einem Fruchtsaucenspiegel mit frischen Früchten servieren.

- 150 ml Milch
- 1 Vanilleschote
- 150 g weiße Kuvertüre
- 200 g Sahne

Tarte truffée

1. Die Schokolade grob hacken und in der Butter langsam schmelzen lassen. Das Eigelb mit dem Zucker zu einer weißen Creme aufschlagen und unter die etwas abgekühlte Schokoladenbutter rühren.

2. Speisestärke darauf sieben und untermischen. Das Eiweiß steif schlagen und vorsichtig unterheben.

3. In einer gebutterten Springform bei 200 °C im vorgeheizten Backofen etwa 20 Minuten backen. Der Kuchen darf innen noch etwas feucht sein und muss nicht ganz ausgebacken werden.

Tipp: Man serviert ihn mit etwas Schlagsahne, Vanillesauce, Fruchtpüree oder frischen Früchten zum Dessert.

- 250 g Zartbitterschokolade
- 225 g Butter
- 4 Eigelb
- 100 g Zucker
- 2 EL Speisestärke
- 4 Eiweiß

Michael Triegel

April

Sonne, Wind und Regen
im Wechsel, die Natur
spielt und lebt ihre Launen.
Muttererde, in der Sonne
dampfend, das Samenkorn
fest in ihrem Schoß.

April

Menü

Jakobsmuscheln auf Salat
mit roten Linsen

Schwarze Spaghetti
mit Herzmuscheln
in Zitronensauce

Panna cotta
auf
Mangopüree

Thunfischcarpaccio

1. Den Thunfisch etwa 2 Stunden ins Gefrierfach oder Tiefkühlgerät legen (in angefrorenem Zustand lässt er sich besser aufschneiden). Anschließend auf einer Schneidemaschine oder mit einem scharfen Messer in möglichst dünne Scheiben schneiden und auf Portionstellern verteilen.

2. Olivenöl und Zitronensaft gut verrühren und mit Salz und Pfeffer abschmecken.

3. Die Kapern abtropfen lassen und mit dem gehackten Schnittlauch über den Fisch streuen. Die Sauce darüber träufeln.

Tipp: Dazu am besten Baguette oder Weißbrot reichen.

- 400 g frischer Thunfisch
- 100 ml Olivenöl
- 50 ml Zitronensaft
- Salz und Pfeffer
- 2 EL Kapern
- 2 EL gehackter Schnittlauch

Jakobsmuscheln auf Salat mit roten Linsen

1. Die roten Linsen verlesen und in der heißen Brühe gar ziehen lassen. Auf ein Sieb geben und die Brühe auffangen.

2. Den Salat putzen und waschen. Die Tomaten waschen und vierteln.

3. Für dieVinaigrette das Öl mit 2 bis 3 Esslöffeln Gemüsebrühe verrühren, mit Senf und Salz und Pfeffer abschmecken. Mit dem Schneebesen den Essig darunter schlagen.

4. Die Jakobsmuscheln im Mehl wenden und in der Butter von jeder Seite je 1 Minute braten.

5. Den Salat und die Tomaten mit der Vinaigrette vermischen und auf einem Teller anrichten. Die Linsen über den Salat streuen und die warmen Jakobsmuscheln dekorativ auf dem Salat verteilen.

- 100 g rote Linsen
- 400 ml Gemüsebrühe
- 1 Lollo Rosso oder Eichblattsalat
- 100 g Kirschtomaten
- 4 EL Olivenöl
- 1 TL Senf
- Salz und Pfeffer
- 2 EL Weißweinessig
- 20 ausgelöste Jakobsmuscheln
- 2 EL Mehl
- 50 g Butter

Gratinierte Jakobsmuscheln

12 Jakobsmuscheln mit Corail
Saft von 1 Zitrone
1/2 kleine Zwiebel
50 g Butter
100 ml Weißwein
150 g Sahne
Salz und Pfeffer
1/2 Selleriestange

1. Den Corail von den Jakobsmuscheln lösen, die Muscheln mit etwas Zitronensaft beträufeln.

2. Die Zwiebel schälen, fein hacken, in 20 g Butter glasig dünsten und mit dem Weißwein ablöschen. Den Corail der Jakobsmuscheln hinzufügen und 5 Minuten bei geringer Hitze köcheln lassen.

3. Mit dem Stabmixer pürieren, die Sahne hinzufügen und 2 bis 3 Minuten reduzieren lassen. Mit restlichem Zitronensaft, Salz und Pfeffer abschmecken.

4. Den Sellerie putzen, waschen und in ganz dünne Scheiben schneiden. In der restlichen Butter kurz dünsten. Je eine Jakobsmuschel in ein kleines Portionsförmchen oder eine Muschel geben, leicht salzen und pfeffern. Je 1 Teelöffel Sellerie dazugeben und mit etwas Sauce übergießen.

5. Unter dem vorgeheizten Grill 2 bis 3 Minuten überbacken und sofort servieren.

Mediterrane Fischsuppe

1 Zwiebel
1 Knoblauchzehe
4 EL Olivenöl
1 gelbe Paprikaschote
200 ml Gemüse- oder Fischfond
200 ml Weißwein oder Rotwein
2 Fleischtomaten oder 1 kleine Dose geschälte Tomaten
250 g Meeresfrüchte (Tintenfische, Muscheln, Krabben)
500 g Rotbarsch, Heilbutt und Loup de mer (Seewolf)
Zitronensaft
Salz und Pfeffer, Oregano

1. Die Zwiebel und die Knoblauchzehe schälen und fein hacken. Im Olivenöl glasig dünsten.

2. Die Paprikaschote putzen, waschen und in 1 cm große Würfel schneiden und dazugeben. Kurz mitdünsten, dann mit dem Fond und dem Wein ablöschen. Die Paprikawürfel etwa 5 Minuten köcheln lassen.

3. Inzwischen die Fleischtomaten mit heißem Wasser übergießen, häuten, entkernen und das Fleisch klein schneiden und zur Suppe geben. Oder die Dosentomaten dazugeben.

4. Meeresfrüchte und Fische waschen, trockentupfen, in mundgerechte Stücke schneiden und hinzufügen.

5. Mit Zitronensaft, Salz, Pfeffer und Oregano abschmecken und 10 Minuten köcheln lassen.

Tipp: Dazu frisches, knuspriges Baguette reichen.

Spaghetti mit kapverdischer Thunfischsauce

1. Den Thunfisch abtropfen lassen. Die Fleischtomaten kreuzweise einschneiden und kurz in kochendem Wasser ziehen lassen. Die Haut abziehen, entkernen und das Fleisch grob klein schneiden.

2. Die Zwiebel schälen, hacken und im Olivenöl glasig dünsten. Das Tomatenfleisch und den Thunfisch dazugeben und untermischen.

3. Grüne und schwarze Oliven entsteinen, in Würfel schneiden und mit den Kapern zur Sauce geben. Mit Salz, Pfeffer und dem Rotwein abschmecken.

4. Die Spaghetti in ausreichend Salzwasser bissfest kochen. Den Parmesan reiben.

5. Die Sauce zu den abgetropften Nudeln servieren und mit Parmesan bestreuen.

- 2 Dosen Thunfisch (im eigenen Saft)
- 4 große Fleischtomaten
- 1 Zwiebel
- 2 EL Olivenöl
- je 50 g grüne und schwarze Oliven
- 1 EL Kapern
- Salz und Pfeffer
- 1 Glas Rotwein
- 500 g Spaghetti
- 40 g Parmesan (am Stück)

Schwarze Spaghetti mit Herzmuscheln in Zitronensauce

1. Die Zwiebel schälen, in feine Würfel schneiden und im Olivenöl glasig dünsten.

2. Die Knoblauchzehen schälen, durch die Presse drücken und hinzufügen, unterrühren und mit dem Weißwein ablöschen. 5 Minuten reduzieren lassen.

3. Das Muschelfleisch dazugeben und erhitzen, die abgeriebene Schale der Zitrone zur Sauce geben. Zitrone auspressen und den Saft ebenfalls hinzufügen. Mit Salz und Pfeffer abschmecken.

4. Die Spaghetti in reichlich Salzwasser »al dente« kochen. Die Sauce zu den Nudeln reichen und mit geriebenem Parmesan bestreuen.

- 1 Zwiebel
- 4 EL Olivenöl
- 2 Knoblauchzehen
- 150 ml Weißwein
- 200 g Herzmuscheln (ohne Schalen)
- 1 unbehandelte Zitrone
- Salz und Pfeffer
- 500 g schwarze Spaghetti
- 40 g Parmesan (am Stück)

Gefüllte Maispoularde mit Sherry-Essig-Sauce

1 Maispoularde (ca. 1,5 kg)
Salz und Pfeffer
100 g Quark
1 Eigelb
100 g Schinkenwürfel
1 EL gehackte Kräuter (z. B. Petersilie, Kerbel, Estragon)
1 EL geriebener Parmesan
1 fein gehackte Zwiebel
100 ml Sherry
3 EL Sherryessig
250 ml Geflügelfond
1 TL gehackter Thymian
50 g Butter

1. Die Poularde waschen, trockentupfen und innen salzen und pfeffern. Vorsichtig mit den Fingern die Haut vom Hals bis zur Brustspitze und über den Keulen lösen (nicht abtrennen).

2. Den Quark mit dem Eigelb glatt rühren, Schinken, Kräuter und Parmesan zufügen, verrühren und mit Pfeffer abschmecken.

3. Die Masse in einen Spritzbeutel geben und unter die Haut spritzen. Mit den Händen die Füllung vorsichtig unter der Haut verteilen. Die Poularde mit Küchengarn umwickeln, von außen salzen und pfeffern und auf ein geöltes Backblech setzen. Bei 200 °C etwa 40 bis 45 Minuten im vorgeheizten Backofen braten und dabei ab und zu mit dem austretenden Bratenfond übergießen. Die Poularde ist fertig, wenn kein roter Saft mehr austritt. Herausnehmen und in Alufolie wickeln.

4. Für die Sauce die Zwiebel auf das Backblech geben, andünsten und mit Sherry ablöschen. Den Bratensatz lösen, in einen Topf gießen, Essig, Geflügelfond und Thymian zufügen und etwas reduzieren lassen. Durch ein Sieb gießen und die kalte Butter in Stückchen mit dem Schneebesen unterschlagen.

5. Die Poularde tranchieren und mit der Sauce servieren.

Kartoffelnocken

500 g Kartoffeln
Salz
40 g Butter
1 Eigelb, 1 Ei
75 g Mehl
Pfeffer und Muskatnuss
Butter zum Braten

1. Die Kartoffeln schälen, klein schneiden und in Salzwasser garen. Abgießen, auf ein Backblech geben und bei 150°C etwa 10 Minuten im Backofen dämpfen, damit die Feuchtigkeit entweicht.

2. Die Kartoffeln durch die Presse drücken, die Butter, die Eier und zum Schluss das Mehl unterrühren. Mit Salz, Pfeffer und Muskatnuss abschmecken.

3. Mit zwei Löffeln kleine Nocken formen, in kochendem Salzwasser etwa 10 Minuten ziehen und anschließend abtropfen lassen. Vor dem Servieren in etwas Butter braten.

Tipp: Die Kartoffelnocken eignen sich sehr gut als Beilage zur Maispoularde.

Panna cotta auf Mangopüree

1. Die Gelatine in kaltem Wasser einweichen. Die Sahne mit dem ausgekratzten Mark der Vanilleschote und der Schote erhitzen und kurz ziehen lassen.

2. Die Schote entfernen und den Zucker unterrühren. Wenn der Zucker aufgelöst ist, die abgetropfte Gelatine in der heißen Sahne auflösen.

3. Die Masse abkühlen lassen und mit dem Schneebesen den Joghurt unterrühren. In einer Schale oder Portionsförmchen mehrere Stunden kühl stellen.

4. Eine frische Mango schälen, das Fruchtfleisch vom Kern trennen und pürieren. Eventuell etwas süßen.

Tipp: Das Dessert bekommt eine frische, säuerliche Note, wenn die Vanilleschote durch die abgeriebene Schale einer unbehandelten Zitrone ersetzt wird. Himbeer- oder Erdbeerpüree schmeckt ebenfalls sehr gut zu Panna cotta.

- 4 Blatt weiße Gelatine
- 250 g Sahne
- 1 Vanilleschote
- 50 g Zucker
- 150 g Vollmilchjoghurt
- 1 Mango

Straßburger Schokoladencharlotte

1. Die Blockschokolade in kleine Stücke schneiden und mit der Butter im heißen Wasserbad langsam schmelzen.

2. Die Eier trennen, das Eigelb mit dem Zucker zu einer hellen Creme schlagen. Die Creme unter die etwas abgekühlte Schokoladenmasse rühren. Zuerst die Sahne, dann das Eiweiß steif schlagen und nacheinander vorsichtig unter die Creme ziehen.

3. Eine rechteckige Form mit einer Schicht Löffelbiskuits auslegen und mit Cognac beträufeln. Mit Schokoladencreme bestreichen. Den Vorgang so oft wiederholen, bis alle Biskuits aufgebracht sind. Die oberste Schicht bildet die Schokoladencreme. Die Schokoladencharlotte am Vortag zubereiten, damit die Biskuits durchziehen können.

Tipp: Mit einer Vanillesauce servieren.

- 200 g Blockschokolade
- 30 g Butter
- 2 Eier
- 50 g Zucker
- 150 g Sahne
- 200 g Löffelbiskuits
- 2 EL Cognac

Michael Triegel

Mai

Erstes Grün schmückt
Bäume und Sträucher.
Die Erde, dunkel und satt,
birgt in sich den jungen
Spargel, den Männer und
Frauen im Frühnebel
der Morgendämmerung
zu ernten beginnen.

Mai

Menü

Frühlingsgemüsetarte

Marinierter weißer Spargel
mit Lachs, Kartoffelpuffer
und Kerbelschmand

Rhabarberkuchen
mit Baiserhaube

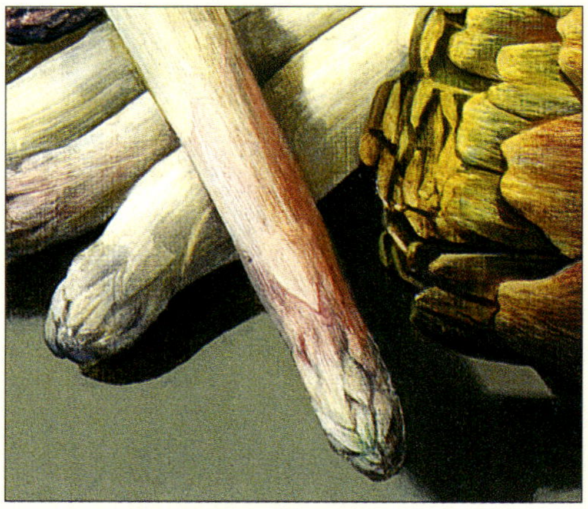

Spargelmousse

500 g weißer Spargel
Salz, Zucker
ca. 50 g Butter
4 Blatt weiße Gelatine
1 kleine Zwiebel
150 g Sahne
1 EL frischer Kerbel

1. Den Spargel schälen und in Salzwasser mit einer Prise Zucker und einem Stückchen Butter etwa 10 bis 12 Minuten kochen.

2. Inzwischen die Gelatine in kaltem Wasser einweichen. Die Zwiebel schälen, fein hacken und in der restlichen Butter glasig dünsten.

3. Den Spargel gut abtropfen und mit der gedünsteten Zwiebel pürieren. Die abgetropfte Gelatine in etwas heißem Spargelwasser auflösen, unter das Spargelpüree geben und die Masse kalt stellen.

4. Die Sahne steif schlagen und mit dem Kerbel unter die Spargelmasse heben. Mit Salz abschmecken. Das Spargelmousse mindestens 2 Stunden kühl stellen. Mit einem in heißes Wasser getauchten Esslöffel kleine Klößchen abstechen.

Tipp: Mit geräuchertem Lachs oder Stremellachs mit mariniertem grünen Spargel servieren.

Marinierter grüner Spargel

750 g frischer, grüner Spargel
Salz
1 Zitrone
6 EL Olivenöl
Pfeffer

1. Den Spargel waschen, und das untere Ende der Stangen abbrechen. Mit dieser Methode kann man sicher sein, den holzigen Teil entfernt zu haben. Den Spargel in Salzwasser etwa 8 Minuten bissfest kochen.

2. Die Zitrone auspressen, den Saft mit Olivenöl und etwas Spargelwasser verrühren, mit Salz und Pfeffer würzen.

3. Den noch warmen Spargel in der Sauce mindestens 4 Stunden marinieren. Vor dem Servieren gut abtropfen lassen.

Tipp: Dazu passt geräucherter Lachs oder gegrillter Seeteufel mit Rucolasalat.

Spargelgrundrezept

- 2 kg weißer Spargel
- Salz und Zucker
- 20 g Butter

Den Spargel schälen, die unteren Enden abschneiden. Spargel in Salzwasser mit einer Prise Zucker und etwas Butter 10 bis 12 Minuten kochen.

Tipp: Ganz klassisch wird Spargel mit zerlassener Butter, geräuchertem Schinken und Salzkartoffeln serviert.

Einfache Sauce Hollandaise

- 150 g Sahne
- 1 Eigelb, 1 EL Mehl
- 150 ml Spargelkochwasser
- Salz, etwas Zitronensaft

Die Sahne mit dem Eigelb und dem Mehl glatt rühren. Etwas heißes Spargelkochwasser mit dem Schneebesen unterschlagen und dabei die Sauce erhitzen. Mit dem restlichen Spargelwasser auffüllen, mit Salz und Zitronensaft würzen und sofort zu dem Spargel servieren.

Klassische Sauce Hollandaise

- 150 g Butter
- 3 Eigelb
- 1 EL Zitronensaft
- Salz, Cayennepfeffer

Die Butter erhitzen, aber nicht heiß werden lassen. Die Molke vorsichtig abschöpfen. Das Eigelb über einem warmen Wasserbad mit dem Zitronensaft schaumig aufschlagen. Tröpfchenweise die Butter mit einem Schneebesen unterschlagen. Mit Salz und einer Prise Cayennepfeffer würzen und sofort zum Spargel servieren.

Die Sauce nicht noch einmal erhitzen oder Temperaturschwankungen aussetzen, da sie schnell gerinnt.

Variation: Die Sauce mit etwas Senf abschmecken oder frischen Kerbel unterrühren.

Frische Zitronensauce

- 100 g Frischkäse
- 100 g Crème fraîche
- Saft und Schale von 1 unbehandelten Zitrone
- Salz und Pfeffer

Frischkäse, Crème fraîche, Zitronensaft und -schale glatt rühren und mit Salz und Pfeffer abschmecken.

Variation: Mit frisch gehackten Kräutern, wie Kerbel oder Schnittlauch, mischen.

Marinierter weißer Spargel mit Lachs, Kartoffelpuffer und Kerbelschmand

1. Den Spargel schälen, die unteren Enden abschneiden und den Spargel in Salzwasser mit einer Prise Zucker und der Butter in etwa 10 bis 12 Minuten kochen. Olivenöl mit etwas Spargelwasser, Salz, Pfeffer und 4 Esslöffeln Zitronensaft aufschlagen. Den Spargel darin etwa 4 Stunden marinieren.

2. Den Kerbel waschen, trockentupfen und fein hacken, unter den Schmand rühren, mit Salz, Pfeffer, Senf und 1 Esslöffel Zitronensaft abschmecken.

3. Die Kartoffeln schälen und reiben. Die Zwiebel schälen und fein hacken. Zwiebel und Eigelb mit der Kartoffelmasse verrühren. Mit Salz, Pfeffer und Muskat würzen und in Öl kleine, knusprige Puffer ausbacken. Auf Küchenpapier abtropfen lassen.

4. Den Spargel mit dem Räucherlachs, den Kartoffelpuffern und dem Kerbelschmand servieren.

Tipp: Dazu einen trockenen Weißwein, z. B. einen Chardonnay, reichen.

- 1 kg weißer Spargel
- Salz, Zucker
- 20 g Butter
- 6 EL Olivenöl, Pfeffer
- Saft von 1 Zitrone
- 1 Bund Kerbel
- 200 g Schmand
- 1 TL Senf
- 500 g Kartoffeln
- 1 kleine Zwiebel
- 1 Eigelb, Muskatnuss
- Öl zum Braten
- 12 Scheiben Räucherlachs

Frühlingsgemüsetarte

1. Blätterteigscheiben nebeneinander legen und auftauen lassen.

2. Kohlrabi, Spargel und Möhren schälen, von den Bohnen und Zuckerschoten die Enden abknipsen. Das Gemüse waschen und klein schneiden. In Salzwasser blanchieren und abschrecken.

3. Die Sahne und die Crème fraîche mit dem Parmesan und dem Ei verrühren. Mit Salz und Pfeffer abschmecken.

4. Den aufgetauten Blätterteig in eine mit kaltem Wasser ausgespülte Tarteform legen. Mit einer Gabel mehrfach einstechen, etwa 10 Minuten bei 200 °C im heißen Ofen vorbacken.

5. Das Gemüse auf dem Teig verteilen und mit der Eiersahne übergießen. Bei 200 °C etwa 45 Minuten backen.

- 1 Paket Tiefkühlblätterteig
- 750 g frisches Frühlingsgemüse (z. B. Kohlrabi, Spargel, Möhren, Bohnen, Zuckerschoten)
- Salz
- 150 g Sahne
- 150 g Crème fraîche
- 2 EL geriebener Parmesan
- 1 Ei
- Pfeffer

Lachslasagne mit Frühlingsgemüse

- 12 Lasagneblätter
- Salz, 1 TL Öl
- 12 weiße Spargelstangen
- 4 Möhren, 1 Kohlrabi
- 250 g Zuckerschoten oder junge grüne Bohnen
- 500 g Lachsfilet
- Saft von 1 Zitrone, Pfeffer
- 1 kleine Zwiebel
- 30 g Butter
- ⅛ l Weißwein
- 200 g Sahne
- 200 g Crème fraîche
- 1 TL Senf

1. Die Lasagneblätter in Salzwasser mit dem Öl 5 Minuten vorkochen.

2. Den Spargel schälen und die unteren Enden abschneiden. Möhren und Kohlrabi schälen. Von den Zuckerschoten oder Bohnen die Enden abknipsen. Das Gemüse klein schneiden und nacheinander in etwas Salzwasser blanchieren.

3. Den Lachs mit etwas Zitronensaft beträufeln, salzen und pfeffern.

4. Die Zwiebel schälen, fein hacken, in Butter glasig dünsten, mit Wein ablöschen. Sahne und Crème fraîche dazugeben und reduzieren lassen. Mit Salz, Pfeffer, Zitronensaft und Senf abschmecken.

5. Eine Auflaufform einfetten und abwechselnd die Nudelblätter und das Gemüse mit dem Lachs einschichten. Auf jede Lage etwas Sauce verteilen.

6. Die restliche Sauce über die Lasagne gießen und im vorgeheizten Backofen bei 200 °C rund 25 Minuten backen.

Pochiertes Rinderfilet

- 1 Möhre
- 1 kleine Lauchstange
- 1 Stück Knollensellerie
- 500 ml Gemüsebrühe
- 1 Lorbeerblatt
- Salz und Pfeffer
- 600 g Rinderfilet

1. Möhre schälen und klein schneiden. Lauch und Sellerie putzen, waschen und klein schneiden.

2. Die Gemüsebrühe erhitzen, das Gemüse und das Lorbeerblatt hinzufügen und mit Salz und Pfeffer abschmecken.

3. Das Rinderfilet mit Küchengarn umwickeln. An einem quer über den Topf liegenden Kochlöffel in die kochende Brühe hängen. In der Brühe etwa 20 bis 30 Minuten je nach Dicke des Filets pochieren.

4. Das Fleisch herausnehmen und in Alufolie und ein Küchenhandtuch wickeln. 10 Minuten ruhen lassen. In dünne Scheiben aufgeschnitten servieren.

Tipp: Mit Vinaigrette oder Kräutermayonnaise und Kartoffelgratin oder Weißbrot servieren.
Während das Filet ruht, als ersten Gang des Menüs die Brühe reichen.

Rhabarberkuchen mit Baiserhaube

1. Butter, 125 g Zucker und Eigelb schaumig rühren. Mehl und Backpulver unterrühren. Gegebenenfalls etwas Milch zufügen, falls der Teig nicht geschmeidig genug wird.

2. In eine gefettete Springform füllen und dabei einen Rand formen.

3. Die Haut der Rhabarberstangen gründlich abziehen, Rhabarber in 1 cm lange Stückchen schneiden und auf dem Teig verteilen. Den Kuchen bei 180 °C im vorgeheizten Ofen 40 Minuten backen.

4. Für das Baiser Eiweiß mit dem restlichen Zucker steif schlagen, auf dem heißen Kuchen verteilen und noch weitere 5 Minuten backen, bis die Baiserhaube leicht bräunt.

- 125 g Butter
- 175 g Zucker
- 2 Eigelb
- 250 g Mehl
- 1/2 Päckchen Backpulver
- 2–3 EL Milch
- 20 g Butter zum Fetten der Kuchenform
- 500 g Rhabarber
- 2 Eiweiß

Rhabarber-Erdbeer-Sorbet

1. Den Rhabarber schälen und in 2 cm lange Stücke schneiden. Mit dem Zucker und dem Weißwein erhitzen und in etwa 5 Minuten weich kochen.

2. Die Erdbeeren putzen und waschen. Den Rhabarber mit den Erdbeeren pürieren und mit Zitronensaft abschmecken. Eventuell noch einmal nachsüßen.

3. Das Fruchtpüree etwa 2 Stunden gefrieren lassen und dabei immer wieder umrühren, damit es geschmeidig bleibt, oder in der Eismaschine rühren.

4. Mit einem Eisportionierer Kugeln formen und in Dessertgläser geben und mit Sekt auffüllen.

Tipp: Als Dessert oder Sorbet-Zwischengang einer großen Menüfolge servieren.

- 500 g Rhabarber
- ca. 50 g Zucker
- 100 ml Weißwein
- 250 g Erdbeeren
- Saft von 1 Zitrone
- 250 ml Sekt

Werner Tübke

Sommer

Julikinder

Wir Kinder im Juli geboren
Lieben den Duft des weißen Jasmin,
Wir wandern an blühenden Gärten hin
Still und in schwere Träume verloren.

Unser Bruder ist der scharlachene Mohn,
Der brennt in flackernden roten Schauern
Im Ährenfeld und auf den heißen Mauern,
Dann treibt seine Blätter der Wind davon.

Wie eine Julinacht will unser Leben
Traumbeladen seinen Reigen vollenden,
Träumen und heißen Erntefesten ergeben,
Kränze von Ähren und rotem Mohn in den Händen.

HERMANN HESSE

Hartwig Ebersbach

Juni

Sonne, blauer Himmel,
modellierte Wolken.
In luftiger Höhe jubilieren
Kiebitz und Lerche über
wogenden Getreidefeldern
in sattem Grün.
Der Sommer mit seiner
Lebensfülle und Farben-
pracht ist so nah.

Juni

Menü

Mariniertes Gemüse
mit
Bruschetta und Crostini

Ostpreußisches Krebsgericht
mit
Kümmelbrot und Butter

Warmer Reblochon
mit Traubensauce

Grissini mit Parmaschinken

1. Je eine Scheibe Parmaschinken fest um jede einzelne Grissinistange wickeln.

2. Mit eingelegten Oliven und getrockneten Tomaten oder Schafskäse servieren. Grissini eignen sich gut als Vorspeise mit einem Glas italienischem Weiß- oder Rotwein.

Grissini sind dünne, knusprige Gebäckstangen aus Weizenmehl, die ursprünglich aus Turin stammen.

Tipp: Statt des Parmaschinkens kann man auch spanischen Serranoschinken oder Bündner Fleisch nehmen. Wichtig ist, dass die Scheiben dünn geschnitten und nicht zu klein sind.

16 Scheiben Parmaschinken
16 Grissinistangen
100 g eingelegte Oliven
100 g getrocknete Tomaten
150 g Schafskäse

Mariniertes Gemüse

1. Zucchino und Aubergine putzen, waschen und in Scheiben schneiden. Die Auberginenscheiben salzen und auf Küchenpapier legen, da sie Wasser ziehen.

2. Paprikaschoten der Länge nach halbieren und entkernen. Mit der Hautseite nach oben auf ein Backblech legen und im Backofen etwa 15 Minuten grillen, bis die Haut dunkle Blasen wirft. Mit einem nassen Küchenhandtuch abdecken und auskühlen lassen, dann die Haut abziehen. Paprikaschoten in Streifen schneiden.

3. Die Champignons trocken abreiben und in Scheiben schneiden. Auberginenscheiben abspülen und trockentupfen.

4. Zucchini, Aubergine und Champignons in 4 Esslöffeln Olivenöl nacheinander anbraten. Die Knoblauchzehen schälen, durchpressen und dazugeben. Das Gemüse gar dünsten, nicht zu weich werden lassen. Zum Schluss die Paprikaschoten hinzufügen. Salzen, pfeffern und mit Zitronensaft abschmecken.

5. Das Gemüse mit dem restlichen Olivenöl übergießen und mindestens 2 Stunden ziehen lassen.

Variation: Die Auberginenscheiben kann man auch in einen einfachen Pfannkuchenteig tauchen und knusprig ausbacken. Lauwarm schmecken sie am besten.

1 Zucchino
1 Aubergine
je 1 gelbe, grüne und rote Paprikaschote
250 g Champignons
6 EL Olivenöl
2 Knoblauchzehen
Salz und Pfeffer
Saft von 1 Zitrone

Bruschetta – geröstete Weißbrotscheiben mit Tomaten und Basilikum

- 1 Baguette
- 3 Fleischtomaten
- 1 Bund Basilikum
- 8 EL Olivenöl
- Salz und Pfeffer
- nach Belieben 1 kleine Zwiebel oder 1 Knoblauchzehe

1. Das Baguette in Scheiben schneiden und im Backofen rösten. Die Tomaten waschen, Stielansatz entfernen und klein schneiden. Den Saft etwas abtropfen lassen.

2. Das Basilikum waschen, trockenschütteln und fein hacken. Mit dem Olivenöl zu den Tomaten geben und mit Salz und Pfeffer würzen. Nach Belieben eine fein gehackte Zwiebel und/oder eine durchgepresste Knoblauchzehe untermischen.

3. Je 1 Esslöffel der Tomatenmischung auf die gerösteten Brotscheiben geben und sofort servieren.

Crostini – geröstete Weißbrotscheiben mit Leberpastete

- 1 Zwiebel
- 1 EL Olivenöl
- 250 g Geflügelleber
- Sherry oder Portwein
- je 1 EL Tomatenpüree und Sardellenpaste (oder 4 Sardellenfilets, fein gehackt)
- Salz und Pfeffer, Oregano
- evtl. etwas Butter
- 1 Baguette

1. Die Zwiebel schälen, fein hacken und im Olivenöl glasig dünsten. Die Geflügelleber putzen und dazugeben. Kräftig anbraten, dann mit dem Sherry oder Portwein ablöschen und gar dünsten.

2. In der Küchenmaschine zusammen mit dem Tomatenpüree und der Sardellenpaste pürieren und mit Salz, Pfeffer und Oregano abschmecken. Wenn die Paste zu trocken ist, noch etwas Sherry oder ein Stückchen Butter dazugeben.

3. Das Baguette aufschneiden und im Backofen goldbraun und knusprig rösten. Die Weißbrotscheiben mit Leberpastete bestreichen und sofort servieren.

Tipp: Wer das Rezept besonders schnell zubereiten will, nimmt ein Fertigprodukt, z. B. eine getrüffelte Sahne-Leberwurst. Damit ist alles im Handumdrehen zubereitet und das Trüffelaroma macht die Crostini besonders edel.

Fettunta – geröstete Weißbrotscheiben mit weißen Bohnen

- 1 Baguette
- 1 kleine Zwiebel, 1 EL Olivenöl
- 1 Dose weiße Bohnen
- Salz und Pfeffer
- 1 Knoblauchzehe

1. Das Baguette aufschneiden und im Backofen goldbraun und knusprig rösten.

2. Die Zwiebel schälen, fein hacken und im Olivenöl glasig dünsten. Die Bohnen etwas abtropfen lassen und dazugeben. Mit Salz und Pfeffer abschmecken. Nach Belieben den Knoblauch dazupressen. Je 1 Esslöffel der Bohnen auf eine Weißbrotscheibe geben und sofort servieren, bevor das Brot zu weich wird.

Leipziger Allerlei

30 g getrocknete Morcheln
1 l Geflügelbrühe
6 Flusskrebse
50 g Butter
8 Spargelstangen
50 g Zuckerschoten
1 Kohlrabi, 8 kleine Möhren
8 kleine Blumenkohlröschen
Salz und Pfeffer
150 ml Gemüsebrühe
2 Eigelb, ca. 3 EL Mehl
Muskatnuss

1. Die Morcheln in warmem Wasser einweichen. Die Geflügelbrühe aufkochen, die Flusskrebse kopfüber in die heiße Brühe geben und 4 Minuten ziehen lassen. Herausnehmen, abkühlen lassen, das Fleisch ausbrechen, die Schalen beiseite legen. Das Fleisch grob zerteilen. Die Morcheln abtropfen, in 20 g Butter schwenken und in die Brühe geben. 15 Minuten ziehen lassen.

2. Den Spargel schälen und die Enden abschneiden. Von den Zuckerschoten die Enden abknipsen, Kohlrabi und Möhren schälen. Das Gemüse waschen und nacheinander in Salzwasser garen. Gemüse in mundgerechte Stücke teilen und zusammen mit dem Krebsfleisch in die warme Brühe geben. Mit Salz und Pfeffer abschmecken.

3. Für die Klößchen die Schalen der Krebse in einem Mörser zerkleinern, in 30 g Butter anbraten und mit der Gemüsebrühe ablöschen. Aufkochen, durch ein Sieb gießen und reduzieren, bis eine Tasse Krebsbrühe übrig bleibt. Das Eigelb mit dem Mehl und der Krebsbrühe zu einem glatten Teig verrühren, mit Salz, Pfeffer und Muskatnuss abschmecken.

4. Mit einem Teelöffel Klößchen abstechen und in Salzwasser etwa 5 Minuten ziehen lassen. Zum Leipziger Allerlei geben.

Ravioli mit Krebsfüllung

120 g Krebsfleisch
3 EL Ricotta
1 TL Zitronensaft
Salz und Pfeffer
100 g Mehl
1 EL Grieß
1 Ei, 1 EL Öl
1/2 gehackte Schalotte
20 g Butter
200 g Sahne
100 ml Fischfond
3 EL Noilly Prat
1 EL gehackter Kerbel
1 EL Zitronensaft

1. Für die Füllung das Krebsfleisch klein zupfen, mit dem Ricotta und Zitronensaft vermischen, salzen und pfeffern.

2. Für den Ravioliteig das Mehl, den Grieß, das Ei, das Öl und eine Prise Salz in die Küchenmaschine geben und verkneten. Wenn der Teig eine krümelige Konsistenz angenommen hat, langsam und tropfenweise etwas Wasser hinzufügen, bis der Teig geschmeidig ist. Mit den Händen kurz durchkneten und in der Nudelmaschine oder mit dem Nudelholz auf einer bemehlten Arbeitsfläche möglichst fein ausrollen.

3. Mit einem Messer kleine Teigplatten (etwa die Größe einer rechteckigen Ravioliform) ausschneiden, mit der bemehlten Seite nach unten auf die Ravioliform legen. In die Vertiefungen mit einem Teelöffel die Füllung geben und leicht festdrücken. Eine weitere Teigplatte darüber legen, mit einem Nudelholz vorsichtig festrollen. Die Form umdrehen und die Ravioli herausklopfen. Wer keine Ravioliform besitzt, rollt eine große Teigplatte aus, verteilt auf die Hälfte davon mit einem Teelöffel in Abständen von 3 cm die Füllung und schlägt die andere Teighälfte darüber. Den Teig um die Füllungen gut andrücken und die Ravioli viereckig ausschneiden. Ravioli in kochendem Salzwasser einige Minuten garen.

4. Für die Sauce die Schalotte in der Butter glasig dünsten, mit Sahne, dem Fischfond und Noilly Prat ablöschen und 2 bis 3 Minuten reduzieren lassen. Den Kerbel unterrühren und mit Zitronensaft, Salz und Pfeffer abschmecken. Ravioli darin servieren.

Crêpes mit Krebs-Spinat-Füllung

200 g Blattspinat
40 g Butter
Salz und Pfeffer
1/2 gehackte Schalotte
100 ml Fischfond
200 g Sahne, 2 EL Noilly Prat
1 EL Zitronensaft
200 g Krebsfleisch
150 g Mehl, 200 ml Milch
3 EL flüssige Butter
3 Eier, Salz
40 g Butter für die Crêpepfanne und zum Überbacken

1. Für die Füllung den Blattspinat waschen, klein schneiden. In einem Topf 20 g Butter erhitzen und den tropfnassen Spinat 2 bis 3 Minuten zusammenfallen lassen. Mit Salz und Pfeffer abschmecken.

2. Die fein gehackte Schalotte in 20 g Butter glasig dünsten, mit dem Fischfond ablöschen, mit Sahne und Noilly Prat auffüllen und 5 Minuten reduzieren. Mit Zitronensaft, Salz und Pfeffer abschmecken. Das Krebsfleisch in der Sauce erhitzen.

3. Für die Crêpes Mehl, Milch, 100 ml Wasser, Butter, Eier und eine Prise Salz verquirlen, eine Crêpepfanne mit geschmolzener Butter bepinseln und nacheinander die Crêpes backen.

4. Jeweils auf eine Crêpe etwas Blattspinat und Krebsragout geben und die Crêpe zusammenrollen. Die Crêpes in eine Auflaufform geben, mit Butter bepinseln und 5 Minuten bei 100 °C im vorgeheizten Backofen überbacken.

Ostpreußisches Krebsgericht

1 l Weißwein mit wenig Säure
1 EL schwarze Pfefferkörner (grob zerstoßen)
4 Lorbeerblätter
5 Bund Dill
Salz
ca. 40 Krebse
Saft von 1 Zitrone
400 g Sahne
2–3 EL Mehl
25 g Butter

1. In einem großen Topf etwa 3 l Wasser und 750 ml Weißwein mit den Pfefferkörnern, den Lorbeerblättern, 4 Bund gehacktem Dill und Salz aufkochen. In einen zweiten großen Topf etwa einen halben Liter des Suds geben und warm halten.

2. Jeweils 4 bis 6 Krebse mit dem Kopf zuerst in den sprudelnd kochenden Sud geben, die Hitze reduzieren und die Krebse darin 4 Minuten ziehen lassen. Herausnehmen und in dem zweiten Topf warm halten. Wenn alle Krebse gekocht sind, den Sud durch ein Sieb geben. Mit restlichem Weißwein, Zitronensaft und Sahne auffüllen.

3. Das Mehl mit der Butter verkneten und flöckchenweise in die heiße Suppe rühren, bis sie genügend gebunden ist. Ein Bund gehackten Dill untermischen und noch einmal mit Salz und Pfeffer abschmecken.

4. Die Krebse mit Kümmelbrot und Butter reichen und dazu die Suppe servieren.

Tipp: Eine Fingerschale mit Zitronenwasser für jeden Gast bereitstellen.

Warmer Reblochon mit Traubensauce und Pinienkernen

1. Den Reblochon in Alufolie wickeln und etwa 10 Minuten bei 75 °C im Backofen erwärmen.

2. Die Trauben waschen, halbieren und entkernen. Traubensaft, Rotwein und Apfeldicksaft aufkochen und etwas reduzieren lassen. Die Traubenhälften darin 5 Minuten ziehen lassen.

3. Die Pinienkerne in einer Pfanne 2 bis 3 Minuten rösten. Auf einem Saucenspiegel mit Trauben und Pinienkernen den Reblochon servieren.

400 g Reblochon
200 g rote Trauben
150 ml roter Traubensaft
150 ml Rotwein
3 EL Apfeldicksaft
2 EL Pinienkerne

Erdbeermousse

1. Die Gelatine in kaltem Wasser einweichen. Die Erdbeeren putzen, waschen und in der Küchenmaschine pürieren. Je nach Reifegrad der Früchte mit 3 bis 4 Esslöffeln Zucker süßen. Den Joghurt mit dem Schneebesen glatt unterrühren.

2. Die Zitrone auspressen, den Saft erhitzen, die Gelatine darin auflösen und unter das Erdbeerpüree geben. Die Sahne steif schlagen und vorsichtig unter die Masse heben.

3. Das Mousse mindestens 4 Stunden im Kühlschrank gelieren lassen. Auf einem Vanillesaucenspiegel zusammen mit frischen Erdbeeren servieren oder vor dem Gelieren in Portionsschälchen oder hohe Gläser füllen und mit einer Erdbeere garnieren.

6 Blatt weiße Gelatine
500 g frische Erdbeeren
3–4 EL Zucker
150 g Joghurt (3,5 % Fett)
1 Zitrone
200 g Sahne

Warmer Kirschkuchen

1. Die Eier trennen, Butter, Zucker und das Eigelb schaumig rühren. Die Brötchen mit einer Reibe grob abreiben, in der warmen Milch einweichen, ausdrücken und mit dem Kirschwasser und Zimt zu der Eiermischung geben und untermischen. Eiweiß steif schlagen und unter die Masse ziehen.

2. Eine Springform mit Butter einfetten und mit Semmelbröseln bestreuen. Die frischen entkernten oder gut abgetropften Kirschen unter den Teig geben, die Masse in die Springform füllen und bei 180 °C etwa 1 bis 1 ½ Stunden im vorgeheizten Ofen backen. Den Kirschkuchen warm servieren und nach Belieben eine Vanillesauce dazu reichen.

Variation: Statt der Kirschen und dem Kirschwasser kann man auch Mirabellen und Mirabellengeist verwenden.

5 Eier
120 g Butter, 120 g Zucker
8 altbackene Brötchen
250 ml Milch
1 EL Kirschwasser, 1 TL Zimt
etwas Butter und Semmelbrösel für die Kuchenform
1 kg frische oder 2 Gläser eingemachte Kirschen

Hartwig Ebersbach

Juli

In vollem Glanz präsentiert sich die Natur, üppige Fülle, goldenes Korn. Bienen summen in der großen Linde, die Schwüle des Tages entschwindet in laue Sommernächte, in denen Glühwürmchen keine Seltenheit sind.

Juli

Picknick

Frische Gemüse mit Thunfischcreme-Dip

Lauchquiche

Roastbeef mit Remouladensauce
und Kartoffelsalat

Eingelegter Handkäse mit Laugenbrezeln

Sommerliches Obsttrifle
mit frischen Himbeeren

Thunfischcreme

1. Den Thunfisch gut abtropfen lassen und mit einer Gabel zerpflücken. Die Sardellenfilets klein schneiden, dazugeben und den Mascarpone unterrühren (am besten in der Küchenmaschine).

2. So viel Zitronensaft zugeben, bis eine cremige Konsistenz erreicht wird. Mit Zitronenschale, Salz und Pfeffer abschmecken. Mindestens 1 Stunde im Kühlschrank durchziehen lassen.

3. Auf gerösteten Weißbrotscheiben, Vollkornbrot oder mit Grissinistangen servieren.

Variation: Klein gehackte Oliven oder Kapern unterrühren.

Tipp: Die Creme mit knackigem Gemüse als Dip servieren.

125 g Thunfisch (aus der Dose, im eigenen Saft)
5 Sardellenfilets
125 g Mascarpone
etwas Saft und abgeriebene Schale von 1 Zitrone
Salz und Pfeffer

Lauchquiche

1. Den aufgetauten Blätterteig in eine gefettete Tarte- oder Springform geben, einen Rand formen und den Teig mit einer Gabel mehrfach einstechen.

2. Den Lauch putzen, in kleine Streifen schneiden, gründlich waschen und abtropfen lassen. Mit etwas Butter in einer Pfanne glasig dünsten und abkühlen lassen.

3. Das Gemüse auf dem Blätterteig verteilen. Die Sahne mit dem Ei verquirlen, mit Salz, Pfeffer und Muskat kräftig würzen.

4. Die Sahne über das Gemüse gießen und die Tarte bei 180 °C im vorgeheizten Backofen 45 Minuten backen.

Variation: 150 g klein geschnittenen, gebratenen Schinkenspeck und/oder 50 g Pinienkerne unter die Lauchmasse mischen.

Tipp: Die Quiche schmeckt auch lauwarm oder kalt sehr gut, lässt sich in der Form sicher transportieren und eignet sich daher gut für ein Picknick.

1 Paket Tiefkühlblätterteig
50 g Butter zum Anbraten und zum Fetten der Form
3 Lauchstangen
200 g Sahne
1 Ei
Salz, Pfeffer, Muskatnuss

Elsässische Wurstpasteten

- 150 g Mehl
- 50 g kalte Butter
- 2 Eier, Salz
- 4 Scheiben Bierschinken (je 3 cm dick)
- 100 g getrüffelte Leberwurst
- 1 Eigelb

1. Für den Teig das Mehl, die Butter, die Eier und das Salz verkneten und 1 Stunde kühl stellen. Danach wieder durchkneten und in 4 Quadrate ausrollen. Ersatzweise 1 Paket Tiefkühlblätterteig verwenden.

2. Je eine Scheibe Bierschinken mit Leberwurst bestreichen, auf ein Teigquadrat legen, die Teigränder zusammenklappen und die Pasteten mit verquirltem Eigelb bestreichen. Im vorgeheizten Ofen etwa 25 Minuten bei 180 °C backen.

Tipp: Die Wurstpasteten eignen sich mit Gurken und Senf gut für ein Picknick im Grünen. Man kann sie aber auch als Imbiss mit einem grünen Salat reichen.

Eingelegter Handkäse

- ca. 150–200 ml Öl
- ca. 50 ml Weißweinessig
- 1 TL Senf
- Salz und Pfeffer
- 2 Zwiebeln
- 12 Handkäse (Harzer Roller oder Korbkäse)

1. Aus Öl, Essig und Senf eine Sauce aufschlagen, mit Salz und Pfeffer abschmecken. Zwiebeln schälen und fein hacken.

2. Die Handkäse in ein Gefäß schichten. Auf jede Lage Zwiebeln und Sauce geben. Der Käse sollte ganz mit der Sauce bedeckt sein. Einen Tag kühl stellen und 1 Stunde vor dem Servieren bei Zimmertemperatur lagern.

Variation: In die Sauce statt des Senfs frische gehackte Kräuter, Knoblauch, gewürfelte getrocknete Tomaten und Oliven geben und Schafskäse oder französischen Münsterkäse marinieren.

Tipp: Mit Apfelwein und Laugenbrezeln reichen.

Rustikale Landpastete

1. Das Brötchen in kaltem Wasser einweichen. Die Lebern häuten und grob zerkleinern. Zwiebel schälen und klein schneiden. 150 g Speck in Würfel schneiden.

2. Die Lebern zusammen mit dem Hack, der Zwiebel, dem Speck, dem gut ausgedrückten Brötchen und den Eiern in der Küchenmaschine pürieren. Kräuter, Pistazien und Sherry dazugeben und kräftig mit Salz, Pfeffer und etwas Paprika würzen. Wer den rohen Fleischteig nicht probieren mag, brät 1 Esslöffel davon in einer Pfanne kurz an und schmeckt dann ab.

3. Eine Pastetenform mit den dünnen Speckscheiben auslegen und die Hälfte des Fleischteigs hineingeben. Die in dünne, lange Streifen geschnittene Rinderzunge darauf legen, dann die restliche Fleischfarce darauf geben. Die Pastetenform mehrfach kräftig aufklopfen, damit der Teig dicht eingefüllt ist. Mit Speckscheiben belegen und die Lorbeerblätter darauf verteilen.

4. Die Pastete im Wasserbad bei 200 °C etwa 1 ½ Stunden garen. In den letzten 10 Minuten den Deckel entfernen, damit die Pastete etwas gebräunt wird.

5. Die Pastete nun mindestens 24 Stunden im Kühlschrank ruhen lassen.

Tipp: Mit Cumberlandsauce, Preiselbeerkompott oder mit sauren Gurken servieren.

- 1 altbackenes Brötchen
- 300 g Lebern
- 1 Zwiebel
- 300 g fetter Speck, davon 150 g in dünne Scheiben geschnitten
- 300 g Rinderhack
- 2 Eier
- 1 EL Kräuter der Provence
- 1 Hand voll geschälte Pistazien
- 3 EL Sherry oder Cognac
- Salz, Pfeffer, Rosenpaprika
- 200 g gepökelte Rinderzunge
- 3 Lorbeerblätter

Cumberlandsauce

1. Das Johannisbeergelee, den Rotwein und den Senf verquirlen und tropfenweise das Öl unterrühren.

2. Mit dem Orangensaft, der Orangenschale, Salz, Pfeffer und ein wenig Cayennepfeffer abschmecken.

Tipp: Eignet sich hervorragend als Beilage zur Landpastete.

- 4 EL Johannisbeergelee
- 2 EL Rotwein
- 1 EL Senf
- 3 EL Olivenöl
- etwas Saft und abgeriebene Schale von 1 unbehandelten Orange
- Salz, Pfeffer, Cayennepfeffer

Roastbeef mit Remouladensauce

1 kg Roastbeef
Salz, Pfeffer, Paprika, Senf
250 ml Öl
2 Eigelb
2 hart gekochte Eier
je 1 Bund Petersilie und Schnittlauch
1 kleine Zwiebel
4 Cornichons
1 EL Kapern
1 EL Senf
etwas Zitronensaft

1. Das Roastbeef von allen Seiten mit Salz, Pfeffer, Paprika und Senf einreiben. 100 ml Öl erhitzen, das Fleisch in eine Saftpfanne geben und mit dem heißen Öl übergießen. In den vorgeheizten Backofen schieben, bei 200 °C etwa 30 Minuten braten (bei einem Gewicht über 1 kg pro 500 g die Garzeit um 10 Minuten verlängern). Danach in Alufolie wickeln und 10 Minuten ruhen lassen.

2. Für die Remouladensauce eine Mayonnaise rühren: unter das Eigelb tropfenweise 150 ml Öl mit dem Schneebesen schlagen. Die hart gekochten Eier in kleine Würfel schneiden und mit den gehackten Kräutern, klein geschnittenen Zwiebeln, Cornichons und Kapern zur Mayonnaise geben, untermischen und mit Senf, Zitronensaft, Salz und Pfeffer abschmecken.

Variation: Gehackte Sardellen geben der Sauce eine pikante Note.

Tipp: Das Roastbeef kalt mit der Remouladensauce servieren.

Gegrillte Hähnchenkeulen

3 EL Honig
1 EL Senf
4 EL Öl
3 TL Kräuter der Provence
Salz, Pfeffer, Rosenpaprika
12 Hähnchenkeulen

1. Für die Marinade den Honig erhitzen, damit er flüssig wird. Mit dem Senf, Öl, den Kräutern, Salz, Pfeffer und Rosenpaprika abschmecken.

2. Die Hähnchenkeulen mit einem Pinsel mit der Marinade bestreichen und etwa 2 Stunden ziehen lassen.

3. Die Keulen noch einmal mit Öl beträufeln. Im Backofen bei 200 °C etwa 15 bis 20 Minuten braten oder auf dem Holzkohlengrill garen.

Kartoffelsalat

1. Die Kartoffeln in der Schale kochen, etwas abkühlen lassen und pellen. Kartoffeln in Scheiben schneiden.

2. Gemüsebrühe erhitzen und mit Öl, Essig, Salz und Pfeffer zu einer Vinaigrette aufschlagen. Die Zwiebel schälen und klein schneiden.

3. Zwiebeln und Vinaigrette zu den Kartoffeln geben. Den Kartoffelsalat mindestens 2 Stunden ziehen lassen und dann noch einmal abschmecken.

Variationen:
• Frische gehackte Kräuter, hart gekochte Eier, blättrig geschnittene Radieschen, gehackte Salatgurke, Oliven, Kapern, Sardellen, Tomaten oder Schafskäse variieren einzeln oder kombiniert den Kartoffelsalat.

• Die Vinaigrette kann durch Mayonnaise, Crème fraîche, Schmand oder Joghurt ersetzt bzw. ergänzt werden.

Tipp: Passt gut zum Roastbeef oder den gegrillten Hähnchenkeulen.

1 kg Kartoffeln
ca. 150 ml Gemüsebrühe
4 EL Öl und 4 EL Essig
Salz und Pfeffer
1 Zwiebel

Sommerliches Obsttrifle

1. Die Früchte verlesen und waschen. Mit 2 Esslöffeln Zucker süßen und ½ Stunde marinieren lassen.

2. Die Löffelbiskuits grob zerbröseln, in Portionsschalen oder eine Glasschüssel geben und mit dem Portwein beträufeln. Die Früchte darauf verteilen.

3. Die Eier aufschlagen, Eigelb und Eiweiß trennen. Das Eigelb mit dem restlichen Zucker zu einer weißen Creme aufschlagen. Im Wasserbad 200 g Sahne erhitzen, das Mark der Vanilleschote zufügen und die Schote selbst kurz darin ziehen lassen. Die Schote entfernen und langsam die weiße Creme mit dem Schneebesen unterschlagen.

4. Die Masse nicht zu heiß werden lassen. Das Eiweiß steif schlagen und unter die abgekühlte Vanillecreme heben. Diese auf den Früchten verteilen und das Trifle etwa einen halben Tag kühl stellen.

Variationen:
• Statt der Beerenfrüchte Aprikosen oder Pfirsiche verwenden. Diese entkernen und kurz in etwas Weißwein mit Zucker weich kochen.

• Der Portwein kann durch Fruchtlikör ersetzt werden.

• Das klassische Trifle wird noch durch eine Schicht aus Fruchtmarmelade ergänzt.

500 g frisches Obst (Himbeeren oder Brombeeren)
8 EL Zucker
100 g Löffelbiskuits
5 EL Portwein
4 Eier
400 g Schlagsahne
Mark von 1 Vanilleschote

Hartwig Ebersbach

August

Zeit der Rosen, Gärten –
Symphonien in Farbe und
Duft. Der Blüten Sinnes-
lust in größter Pracht, doch
die Morbidität des Ver-
gänglichen schwingt mit.
Schattenspendende Lauben-
gänge täuschen uns nicht:
Der Sommer ist flüchtig!

August

Menü

Gazpacho

Lachs in Birkenblättern vom Grill
mit Weißbrot
und sommerlichen Salaten

Vanilleeis
mit
Rumtopffrüchten

Lachstartar

Den Lachs in feine Würfel schneiden. Mit der Zwiebel, dem Zitronensaft, Salz und Pfeffer verrühren. Das Tartar mit Crème fraîche binden.

Variation: Frisch gehackten Dill oder Kapern untermischen.

Tipp: Auf gerösteten Weißbrotscheiben oder Pumpernickel-Talern reichen. Mit Avocadotartar (siehe S. 113) oder einer Avocadohälfte (mit Zitronensaft beträufelt) servieren.

8 Scheiben Räucherlachs
1/2 fein geschnittene Zwiebel
2–3 EL Zitronensaft
Salz und Pfeffer
ca. 2 EL Crème fraîche

Carpaccio vom Rinderfilet mit Rucola

1. Das Rinderfilet etwa 3 Stunden im Tiefkühlgerät gefrieren lassen (so lässt sich das Fleisch gut aufschneiden). Mit einer Brotschneidemaschine sehr dünn aufschneiden und großzügig auf 4 Tellern verteilen.

2. Die Champignons trocken abreiben und blättrig aufschneiden. Auf dem Rinderfilet verteilen.

3. Rucola waschen und trockenschütteln. Falls nötig etwas klein schneiden. Auf dem Carpaccio verteilen. Den Parmesan darüber streuen.

4. Das Olivenöl mit Zitronensaft verrühren, mit Salz und Pfeffer abschmecken. Über das Carpaccio träufeln. Mit schwarzem Pfeffer aus der Mühle würzen.

Variationen:

- Auch aus Thunfisch, frischem Lachs oder Jakobsmuscheln lässt sich ein vorzügliches Carpaccio zubereiten. Den Fisch vor dem Aufschneiden ebenfalls anfrieren lassen.

- Statt der Pilze, des Rucolas und des Parmesans viel frischen Schnittlauch oder Kapern zu der Sauce aus Olivenöl und Zitrone reichen.

300 g Rinderfilet
8 Champignons
2 Bund Rucola
ca. 20 g grob gehobelter Parmesan
250 ml Olivenöl
Saft von 1–2 Zitronen
Salz und grob gemahlener schwarzer Pfeffer

Gazpacho

1 Salatgurke	
6 Tomaten	
1 gelbe Paprika	
1 Zwiebel	
1 Knoblauchzehe	
1 EL Tomatenmark	
2 EL Olivenöl	
1 EL Aceto Balsamico	
1 Scheibe Toastbrot	
etwa 50 ml kalte Gemüsebrühe	
Salz, Pfeffer, Cayennepfeffer	

1. Die Salatgurke schälen, entkernen und in grobe Würfel schneiden. Die Tomaten waschen, vierteln und die Kerne entfernen. Die Paprika halbieren, Stielansatz und Kerne entfernen und waschen. Die Zwiebel und die Knoblauchzehe schälen und grob hacken.

2. Das Gemüse mit dem Tomatenmark, dem Öl, dem Essig und dem Toastbrot in der Küchenmaschine pürieren. So viel Gemüsebrühe zufügen, bis die gewünschte Konsistenz der Suppe erreicht ist. Mit Salz, Pfeffer und Cayennepfeffer abschmecken. Gut gekühlt servieren.

Tipp: Mit in Olivenöl gerösteten Weißbrotwürfeln, frisch gehackten Kräutern und Kapern servieren.

Lachstarte

1 Paket Tiefkühlblätterteig	
1 Schalotte	
4 große Champignons	
ca. 200 g geräucherter Lachs oder 4 Portionen Lachsfilet	
200 g Sahne	
1 Eigelb	
Salz, Pfeffer und Muskatnuss	

1. Eine Tarteform einfetten. Aufgetauten Blätterteig darauf verteilen und mit einer Gabel mehrfach einstechen.

2. Die Schalotte schälen und in feine Würfel schneiden, die Champignons trocken abreiben und in dünne Scheiben schneiden. Den Räucherlachs in Streifen schneiden, bzw. den frischen Lachs in Würfel. Die Zutaten auf dem Teig verteilen.

3. Die Sahne mit dem Eigelb verquirlen und mit Salz, Pfeffer und Muskatnuss abschmecken. Über die Tarte gießen und bei 180 °C etwa 35 bis 40 Minuten backen.

Variation: Statt der Champignons Lauch verwenden.

Lachs in Birkenblättern

1. Den Lachs mit kaltem Wasser ausspülen, innen salzen, pfeffern und mit Zitronensaft beträufeln.

2. Die Birkenblätter waschen und abtropfen lassen. Die Zitronen achteln und den Lachs mit Zitronen und Birkenblättern füllen. Ein großes Stück Alufolie mit Olivenöl bepinseln. Den Lachs darauf legen und schuppenartig mit Birkenblättern von beiden Seiten bedecken.

3. Alufolie um den Lachs schließen. Etwa 30 Minuten im Backofen bei 180 °C oder auf dem Holzkohlengrill von jeder Seite 15 Minuten garen.

Tipp: Dazu Basilikum-Tomaten-Schmand (Schmand mit Tomatenwürfeln, gehacktem Basilikum und abgeriebener Zitronenschale), Weißbrot und einem kühlen, trockenen Rosé reichen.

1 Lachs (ca. 1 kg)
Salz und Pfeffer
Saft von 1 Zitrone
150 g Birkenblätter
2 unbehandelte Zitronen
50 ml Olivenöl

Lachspasteten mit Blattspinat

1. Den Spinat verlesen, waschen und blanchieren. Die Schalotte in der Butter glasig dünsten, mit Noilly Prat ablöschen und den Schmand zufügen. 2 bis 3 Minuten reduzieren lassen. Mit 2 Esslöffeln Zitronensaft, Salz und Pfeffer abschmecken.

2. Den Blätterteig auftauen lassen und zu Quadraten ausrollen. Jeweils eine Portion Spinat darauf geben. Den Lachs mit restlichem Zitronensaft beträufeln, salzen und pfeffern, auf das Spinatbett legen. Etwas Schmandcreme darauf geben, die Ränder des Blätterteigs mit Eiweiß bepinseln und verschließen.

3. Die Pasteten mit verquirltem Eigelb bepinseln und bei 180 °C im vorgeheizten Backofen 35 bis 40 Minuten backen.

200 g Blattspinat
1/2 fein gehackte Schalotte
20 g Butter
2 EL Noilly Prat
150 g Schmand
4 EL Zitronensaft
Salz und Pfeffer
1 Paket Tiefkühlblätterteig
4 Portionen Lachsfilet
1 Eiweiß und 1 Eigelb

Tomatensauce zu Pasta

ca. 500 g vollreife Tomaten
1 kleine Zwiebel
50 ml Olivenöl
Salz und Pfeffer
1 Bund Basilikum
evtl. 1 Tasse Gemüsebrühe

1. Die Tomaten waschen, Stielansatz entfernen und in Würfel schneiden. Die Zwiebel schälen, hacken und in dem Olivenöl glasig dünsten. Die Tomaten zufügen, 5 Minuten schmoren und mit Salz und Pfeffer abschmecken.

2. Das Basilikum waschen, trockenschütteln und klein schneiden. Zu den Tomaten geben und eventuell mit etwas Gemüsebrühe auffüllen.

Tipp: Tomatensauce passt zu Pasta aller Art oder zu selbstgemachten Ravioli mit einer Kräuter-Ricotta-Füllung.

Tomatenquiche

225 g Mehl
100 g Butter
2 Eier
Salz, Zucker
2–3 EL kaltes Wasser
500 g kleine Strauchtomaten
1 Bund Basilikum
125 g Parmesan
200 g Schmand

1. Aus dem Mehl, der Butter und einem Ei mit je einer Prise Salz und Zucker einen Teig kneten. Kaltes Wasser esslöffelweise zufügen, bis der Teig geschmeidig ist. 30 Minuten im Kühlschrank ruhen lassen, durchkneten und in eine gefettete Springform geben. Den Teig mit einer Gabel einstechen.

2. Die Tomaten kreuzweise einritzen, mit heißem Wasser übergießen, kurz abkühlen lassen, dann häuten, vierteln und entkernen. Auf dem Teig verteilen. Das Basilikum waschen, trockenschütteln und hacken, den Parmesan hobeln und beides über die Tomaten streuen.

3. Das zweite Ei mit dem Schmand verrühren, mit Salz und Pfeffer abschmecken und über die Quiche geben. Bei 180 °C im vorgeheizten Ofen 35 bis 40 Minuten backen.

Variation: Gehackte Oliven und Sardellen zu den Tomaten geben.

Rumtopf mit Früchten

Nur reife und einwandfreie Früchte verwenden. Die Früchte putzen und waschen. Mit der entsprechenden Menge Zucker vermischen und in einen hohen Topf geben. Mit so viel Rum übergießen, dass alle Früchte bedeckt sind. Je nach Saison immer wieder Früchte mit Zucker und Rum auffüllen. Den Topf verschlossen an einem kühlen Ort aufbewahren. 6 Wochen nach dem Einfüllen der letzten Früchte ist der Rumtopf fertig.

Variation: Mit Früchten wie Kiwis, Mangos, Karambolen, Lychees und Feigen und weißem Rum setzt man einen exotischen Rumtopf an.

Tipp: Zu Vanillecreme, Vanilleeiscreme, Mousse aus weißer Schokolade servieren. Mit Gelatine binden und als Rumtopfgelee zu Vanillesauce servieren.
Mit Sekt aufgefüllt als Drink servieren.

- Frische Früchte wie Erdbeeren, Himbeeren, Aprikosen, Pfirsiche, Pflaumen, Mirabellen, Birnen, Trauben, Ananas
- pro 1 kg Obst 500 g Zucker
- 1/2 l Rum (54 %)

Früchtegratin

1. Eine Gratinform mit der Butter einfetten. Das Eigelb mit dem Zucker zu einer weißen Creme aufschlagen. Das Mark der Vanilleschote in die Sahne geben, zusammen mit der Schote kurz erhitzen und 5 Minuten ziehen lassen. Die Schote entfernen, die Sahne etwas abkühlen lassen und die weiße Creme untermischen.

2. Das Obst, falls nötig, schälen oder waschen und klein schneiden, in die Gratinform geben und mit der Sahnemischung übergießen. Im vorgeheizten Backofen bei 175 °C etwa 30 Minuten backen. Vor dem Servieren den Honig darüber gießen.

Variation: Zuerst eine Lage zerbröselte Kekse und darüber das Obst in die Gratinform geben.

- 20 g Butter
- 2 Eigelb
- 3 EL Zucker
- Mark von 1 Vanilleschote
- 200 g Sahne
- 2 Bananen, 2 Äpfel und 1 Orange (oder beliebige andere Obstsorten wie Pfirsiche, Ananas, Birnen o. a.)
- 2 EL Honig

Herbstmorgen

Die Wolken ziehn, wie Trauergäste,
Den Mond still-abwärts zu geleiten,
Der Wind durchfegt die starren Äste
Und sucht ein Blatt aus beßren Zeiten.

Schon flattern in der Luft die Raben,
Des Winters unheilvolle Boten;
Bald wird er tief in Schnee begraben
Die Erde, seinen großen Toten.

Ein Bach läuft hastig mir zur Seite;
Es bangt ihn vor des Eises Ketten,
Drum stürzt er fort und sucht das Weite,
Als könnt' ihm Flucht das Leben retten.

Da mocht' ich länger nicht inmitten
So todesnaher Öde weilen;
Es trieb mich fort, mit hast'gen Schritten
Dem flücht'gen Bache nachzueilen.

THEODOR FONTANE

Andreas Wachter

September

Die Natur wechselt ihr Gewand, gewichen sind Windstille und Schwüle, Morgenfrische, erste Herbstwinde. Hohe Wolken auf septemberblauem Grund, Stoppelfelder öffnen den Blick in große Weiten.

September

Menü

Rieslingsupppe

Rinderfilet mit Pilzfarcekruste
und
Steinpilzrisotto

Karamellisierte Quittenspalten
mit
Zimteis

Terrine aus frischen Pfifferlingen

1. Die Schalotte und den Salbei in Butter kurz dünsten. Die geputzten Pfifferlinge grob zerkleinern und hinzufügen. 5 Minuten schmoren lassen.

2. Inzwischen die Gelatine in kaltem Wasser einweichen. Die Sahne zu den Pilzen geben und 2 bis 3 Minuten reduzieren lassen. Die Masse pürieren, mit Salz, Pfeffer und Muskat abschmecken. Noch einmal erhitzen und die Gelatine darin auflösen.

3. In eine mit Frischhaltefolie ausgelegte Kastenform gießen, mindestens einen halben Tag kühl stellen. Die Form stürzen und die Terrine in Scheiben aufgeschnitten servieren.

Tipp: Mit einem Pilzcarpaccio aus Champignons oder Steinpilzen (Pilze blättrig aufschneiden, mit einer Sauce aus Olivenöl, Zitronensaft, Salz und Pfeffer) servieren.

- 1/2 fein gehackte Schalotte
- 1 EL gehackter Salbei
- 50 g Butter
- 200–250 g frische Pfifferlinge
- 4 Blatt Gelatine
- 200 g Sahne
- Salz, Pfeffer, Muskatnuss

Rieslingsuppe

1. Die Schalotte waschen, den Lauch putzen und waschen, beides klein schneiden. In der Butter glasig dünsten, das Mehl darüber stäuben und anschwitzen. Mit 50 ml Brühe oder Fond ablöschen und aufkochen.

2. Die restliche Brühe, den Wein und die Sahne zufügen. 5 Minuten köcheln lassen, mit Salz und Pfeffer abschmecken.

Tipp: Mit in Butter gerösteten Weißbrotwürfeln servieren.

- 1 Schalotte
- 1/2 Stange Lauch (nur die weißen Teile)
- 30 g Butter, 1 EL Mehl
- 500 ml Gemüsebrühe oder Rinderfond
- 300 ml Riesling, 200 g Sahne
- Salz und Pfeffer

Steinpilzcremesuppe

1. Die Schalotte in Butter glasig dünsten, die geputzten, grob gehackten Pilze (einen schönen, großen Pilz zur Seite legen) hinzufügen und 5 Minuten schmoren. Mit der Gemüsebrühe ablöschen, 5 Minuten köcheln, anschließend pürieren. Mit der Sahne auffüllen, mit Salz, Pfeffer und Muskat abschmecken.

2. Den einzelnen Steinpilz blättrig schneiden und in Butter bräunen und würzen. Die Cremesuppe in Teller füllen und darauf einige Scheiben des gebräunten Steinpilzes dekorieren.

- 1 fein gewürfelte Schalotte
- 50 g Butter
- 400 g Steinpilze
- 500 ml Gemüsebrühe
- 200 g Sahne
- Salz, Pfeffer, Muskatnuss

Rinderfilet mit Pilzfarcekruste

50 g getrocknete Steinpilze oder Pfifferlinge
1 kleine Zwiebel
30 g Butter
8–10 Champignons
2 getrocknete, in Öl eingelegte Tomaten oder 1 TL Tomatenmark
1 TL Dijon-Senf
1 TL Semmelbrösel
ca. 2 EL Crème fraîche
Salz und Pfeffer
4 Scheiben Rinderfilet (ca. 2–3 cm dick)
etwas Öl

1. Die getrockneten Pilze mit etwas heißem Wasser übergießen und etwa 15 Minuten ziehen lassen. Die Zwiebel schälen, klein schneiden und in der Butter glasig dünsten. Die gesäuberten, fein geschnittenen Champignons zu den Zwiebeln geben und kurz schmoren. Mit den eingeweichten Pilzen und dem Einweichwasser ablöschen und die Flüssigkeit reduzieren lassen.

2. Die getrockneten, klein geschnittenen Tomaten oder das Tomatenmark, den Senf und die Semmelbrösel dazugeben. Mit Crème fraîche verrühren und mit Salz und Pfeffer abschmecken. Die Farce zu einer cremigen Konsistenz pürieren.

3. Die Filetscheiben auf ein geöltes Backblech legen und 2 Minuten im Backofen von jeder Seite grillen, salzen und pfeffern. Auf jede Filetscheibe 2 bis 3 Esslöffel der Pilzfarce streichen, etwa 3 Minuten unter den Grill schieben und sofort servieren.

Variation: Anstatt der Pilzfarce je eine Scheibe getrüffelte Leberwurst auf die Filetscheiben geben und mit einer Scheibe Speck quer umwickeln und grillen.

Tipp: Mit Salat, Brot oder einem Kartoffel- oder Gemüsegratin servieren.

Steinpilzrisotto

1 Schalotte
50 g Butter
200 g Steinpilze
3 EL Olivenöl
300 g Risotto-Reis (z. B. Arborio)
ca. 250 ml Gemüsebrühe
2 EL geriebener Parmesan
Salz und Pfeffer

1. Die Schalotte schälen, klein schneiden und in der Butter glasig dünsten, die Pilze trocken abreiben, in kleine Würfel schneiden, hinzufügen und leicht bräunen.

2. Das Olivenöl und den Reis zufügen und umrühren. So viel Gemüsebrühe dazugießen, bis der Reis bedeckt ist. Etwa 20 bis 25 Minuten bei milder Hitze garen. Eventuell mit etwas Brühe auffüllen.

3. Kurz vor Ende der Garzeit den Parmesan zufügen und mit Salz und Pfeffer abschmecken.

Quittenmarmelade

1. Die Quitten gründlich waschen und abreiben. Die Orangen schälen, filetieren und dabei den Saft auffangen. Das Fruchtfleisch der Quitten grob vom Kerngehäuse trennen. Die Äpfel schälen, vierteln und das Kerngehäuse entfernen.

2. Die Quitten in der Küchenmaschine mit den Äpfeln, den Orangen, dem Orangen- und Zitronensaft pürieren. Mit dem Gelierzucker verrühren und 3 Minuten kochen.

3. Die Marmelade in heiß ausgespülte Twist-off-Gläser füllen, fest zuschrauben und auf den Kopf stellen, bis die Marmelade abgekühlt ist. Die Quittenmarmelade ist mehrere Monate haltbar.

Variation: Mit Whiskey oder Calvados aromatisieren.

- ca. 1,5 kg Quitten
- 2 Orangen
- 4 Äpfel
- Saft von 1 Zitrone
- 500 g Gelierzucker (»2 zu 1«)

Karamellisierte Quittenspalten

1. Die Quitten waschen, schälen und das Fruchtfleisch grob vom Kerngehäuse trennen. In Spalten schneiden und mit Zitronensaft beträufeln.

2. Den Zucker schmelzen lassen. Wenn er bräunt, die Butter, den Honig und die Sahne zufügen. Etwa 5 Minuten bei milder Hitze köcheln, bis sich der Karamell gleichmäßig aufgelöst hat. Die Quittenspalten hinzufügen und weich kochen.

Variationen:
• Mit Cognac aromatisieren.
• Mit Biskuits und Vanillecreme einen Trifle anrichten.

Tipp: Zu Cremes, Zimteis oder Mousse servieren.

- 4–6 Quitten (je nach Größe)
- 2 EL Zitronensaft
- 100 g Zucker
- 50 g Butter
- 2 EL Honig
- 200 g Sahne

Quittenpasteten

- 2–3 Quitten
- Saft von 1 Zitrone
- 80 g Zucker
- 50 g Butter
- 2–3 EL Honig
- 150 g Sahne
- 1 Paket Tiefkühlblätterteig
- 2 EL Frischkäse oder Ricotta
- evtl. 1 Eiweiß
- 2 EL Puderzucker

1. Die Quitten waschen, schälen und das Fruchtfleisch grob vom Kerngehäuse trennen, in kleine Spalten schneiden und mit Zitronensaft übergießen (die Quitten werden sonst braun).

2. Den Zucker schmelzen lassen. Wenn er braun wird, die Butter und den Honig zufügen, mit der Sahne ablöschen. Die Masse köcheln lassen, bis der Karamell gleichmäßig aufgelöst ist, dann die Quittenspalten zufügen und weich kochen. Die Quitten aus den Sauce nehmen und diese zu einer cremigen Konsistenz einkochen lassen.

3. Den Blätterteig auftauen lassen. Zu 15 x 15 cm großen Quadraten ausrollen. Auf jedes Quadrat einige Quittenspalten geben. Die Sauce mit dem Frischkäse oder Ricotta verrühren und auf den Quittenspalten verteilen. Die Teigränder der Pasteten übereinander schlagen und leicht andrücken (evtl. mit Eiweiß bepinseln). Bei 200 °C im vorgeheizten Ofen etwa 25 Minuten backen.

4. Mit Puderzucker bestäuben und mit Vanillesauce servieren.

Quittenravioli

- 100 g Mehl
- 1 EL Grieß
- 1 Ei
- 1 EL Öl
- Salz
- 4 EL Quittenmarmelade (siehe Rezept Seite 77)
- 2 EL Ricotta oder Frischkäse
- evtl. 1 TL Zucker

1. Für den Teig das Mehl, den Grieß, das Ei, das Öl und eine Prise Salz möglichst in der Küchenmaschine verkneten. Wenn der Teig eine krümelige Konsistenz angenommen hat, langsam und tropfenweise etwas Wasser hinzufügen, bis der Teig geschmeidig ist. Mit den Händen kurz durchkneten und in der Nudelmaschine oder mit dem Nudelholz auf einer bemehlten Arbeitsfläche möglichst fein ausrollen.

2. Für die Füllung die Quittenmarmelade mit dem Ricotta oder Frischkäse verrühren, eventuell mit Zucker nachsüßen.

3. Mit einem Messer kleine Teigplatten ausschneiden, diese mit der bemehlten Seite nach unten auf eine rechteckige Ravioliform legen, mit einem Teelöffel vorsichtig etwas Füllung in die Öffnungen geben. Eine zweite Teigplatte darüber legen und festdrücken. Die Form umdrehen und die Ravioli herausklopfen. Oder (ohne Ravioliform) auf die Hälfte einer großen Teigplatte die Füllung in Abständen voneinander setzen, die andere Teighälte darüber klappen, mit einer Plätzchenform einen Halbmond ausstechen und die Ränder mit einer Gabel vorsichtig zusammendrücken.

4. Die Ravioli in kochendes Salzwasser geben und bei milder Hitze etwa 5 Minuten ziehen lassen.

Tipp: Mit einem Apfelkompott und Zimt- oder Vanilleeis servieren.

Apfelpfannkuchen

1. Eier, Milch, Mehl, Backpulver, Zucker und eine Prise Salz zu einem Teig verrühren. So viel Sprudel (macht den Teig locker) zugeben, bis der Teig flüssig genug ist. Den Teig 20 Minuten quellen lassen.

2. Die Äpfel schälen, vierteln, entkernen und in dünne Scheiben schneiden. Den Pfannkuchenteig noch einmal aufschlagen, die Apfelspalten untermischen und in heißem Öl Pfannkuchen ausbacken.

3. Auf Küchenpapier das Fett abtropfen lassen und mit Puderzucker bestreuen.

- 2 Eier
- 1/2 Tasse Milch
- 150 g Mehl
- 1 Msp Backpulver
- 1 TL Zucker
- Salz
- 1/2 Tasse Sprudel
- 2 Äpfel
- Öl zum Ausbacken
- Puderzucker zum Bestreuen

Apfelkuchen

1. Die Butter mit den Eiern und dem Zucker schaumig rühren. Das Mehl mit dem Backpulver zufügen. Den Teig gleichmäßig in einer ausgebutterten Tarte- oder Springform verteilen.

2. Die Äpfel schälen, vierteln, das Kerngehäuse entfernen. Die Äpfelviertel auf der Oberseite mehrfach einritzen (damit sie gleichmäßig weich werden). Die Apfelstücke auf dem Teig verteilen und leicht in den Teig drücken.

3. Bei 180 °C etwa 40 Minuten im vorgeheizten Ofen backen, auskühlen lassen und vor dem Servieren mit Puderzucker bestäuben.

Variationen: Statt der Äpfel kann man auch eingemachte Kirschen, Mirabellen oder Pflaumen verwenden.

- 125 g Butter
- 3 Eier
- 125 g Zucker
- 200 g Mehl
- 2 gestr. TL Backpulver
- Butter zum Ausfetten der Kuchenform
- 4–5 Äpfel
- 2 EL Puderzucker

Andreas Wachter

Oktober

Welch Fest an Farben!
Prachtvolles Laub an hohen Wipfeln, reife Reben.
Doch Sturm und Gebraus machen dem Glanz ein baldiges Ende. Die Natur atmet aus, sie hat das Ihre getan. Die Zeit wird schwermütig:
»Wer jetzt allein ist, wird es lange bleiben«,
so Rainer Maria Rilke.

Oktober

Menü

Maronensuppe
mit Croûtons

Geschmortes Hirschkalbsgulasch
mit Kartoffelklößen und
Preiselbeerkompott

Holunderbirne

Schneckenpastetchen

1. Die Schalotte mit dem klein geschnittenen Knoblauch in der Butter glasig dünsten. Die Schnecken dazugeben, kurz anbraten. Mit Noilly Prat und Kalbsfond ablöschen, etwas einkochen lassen. Wenn nur noch wenig Flüssigkeit vorhanden ist, Crème fraîche und die Kräuter zufügen, mit Salz, Pfeffer und Muskat abschmecken.

2. Den Blätterteig auftauen lassen und ausrollen (12 Quadrate à 8 x 8 cm). Wirsingblätter zurechtschneiden (12 Quadrate à 6 x 6 cm) und auf die Blätterteigquadrate legen. Den Rest des Wirsings fein hacken und 1 bis 2 Esslöffel unter die Schneckenmasse mischen. Auf jedes Blätterteig-Wirsing-Quadrat eine Schnecke mit etwas Füllung geben. Die Teigränder übereinander schlagen und andrücken (evtl. mit Eiweiß bepinseln).

3. Die Pasteten mit verquirltem Eigelb bestreichen, bei 180 °C im vorgeheizten Ofen etwa 20 Minuten backen.

Variation: Statt des Wirsings kann man auch Lauch oder Zucchiniwürfel unter die Füllung mischen.

Tipp: Mit einem herbstlichen Blattsalat als Vorspeise oder als Snack zu einem Glas Weißwein servieren.

- 1/2 fein gewürfelte Schalotte
- 1/2 Knoblauchzehe
- 40 g Butter
- 12 Schnecken (aus der Dose)
- 2 EL Noilly Prat
- 50 ml Kalbsfond
- 100 g Crème fraîche
- 2 EL frisch gehackte Kräuter (z. B. Petersilie, Rosmarin, Basilikum, Thymian)
- Salz, Pfeffer, Muskatnuss
- 4 Scheiben Tiefkühlblätterteig
- 6 blanchierte Wirsingblätter
- evtl. 1 Eiweiß, 1 Eigelb

Hasenpastete

1. Den Blätterteig auftauen. Das Hasenfleisch mit dem Speck durch den Fleischwolf drehen oder in der Küchenmaschine zerkleinern. Mit so viel Bratenfond verrühren, bis eine cremige Masse entsteht. Die Pistazien, Trüffelwürfel und die Kräuter untermischen, salzen und pfeffern.

2. Eine ausgebutterte Kastenform mit dem Blätterteig auslegen. Ein Drittel der Fleischmasse einfüllen, die Hälfte der in schmale Streifen geschnittenen Rinderzunge darauf legen und das nächste Drittel Fleischfarce einfüllen. Wieder mit Rinderzunge belegen und den Farcerest darauf geben. Die Form aufklopfen und die Pastete mit einem Blätterteigdeckel schließen. Mehrere Löcher in den Deckel stechen und mit Butterbrotpapier oder Alufolie füllen. Durch diese »Kamine« muss beim Backen die Feuchtigkeit entweichen können. Aus restlichem Blätterteig Blätter und andere Dekorationen ausstechen und die Pastete damit verzieren. Eigelb und Milch verquirlen und damit bestreichen, bei 175 °C backen. Die Pastete in der Form auskühlen lassen.

3. Zur Zubereitung des Gelees die Gelatine in etwas kaltem Wasser einweichen. Die Brühe erhitzen, die Gelatine darin auflösen, mit Salz, Pfeffer und Portwein abschmecken. Wenn das Gelee fest wird, die Kamine entfernen und den Hohlraum zwischen Farce und Teig mit dem Gelee ausfüllen. Die fertige Pastete kühl stellen und mindestens 12 Stunden ruhen lassen. Vor dem Servieren mindestens 1 Stunde aus der Kühlung nehmen und in Scheiben schneiden.

- 1 Paket Tiefkühlblätterteig
- 600 g Hasenbraten (Fleisch eines gebratenen Hasens)
- 200 g Speck, Bratenfond
- 50 g gewürfelte Pistazien oder Mandeln
- 1 EL Trüffelwürfel
- 2 TL Kräuter der Provence
- Salz, Pfeffer, etwas Butter
- 400 g gepökelte Rinderzunge
- 1 Eigelb und etwas Milch
- 3 Blatt Gelatine
- 1/4 l Fleisch- oder Gemüsebrühe
- 3 EL Portwein

Maronensuppe

- 1 kleine Schalotte
- 50 g Butter
- 250 g geschälte Maronen (aus der Dose oder vakuumverpackt)
- 500 ml Kalbs- oder Gemüsefond
- 150 g Sahne
- Salz, Pfeffer, Muskatnuss

1. Die Schalotte schälen und klein schneiden. In der Butter glasig dünsten.

2. Die Maronen in Würfel schneiden, hinzufügen und unterrühren. Mit dem Fond ablöschen, 5 Minuten köcheln lassen. Anschließend pürieren, die Sahne zufügen und mit Salz, Pfeffer und Muskatnuss abschmecken.

Tipp: Mit Weißbrot-Croûtons servieren oder etwas Trüffel darüber hobeln.

Zwiebelquiche

- 150 g Schinkenspeck
- 2–3 EL Olivenöl
- 2 Gemüsezwiebeln
- 1 Paket Tiefkühlblätterteig
- 200 g geriebener Käse (z. B. Emmentaler)
- 1 Ei, 200 g Sahne
- Salz, Pfeffer, Muskatnuss

1. Den Schinkenspeck in Würfel schneiden, im Olivenöl anbraten. Die Zwiebeln schälen und klein schneiden, zum Speck geben und glasig dünsten. Abkühlen lassen.

2. Den Blätterteig auftauen lassen, in eine gefettete Springform geben, den Teig einstechen, damit er keine Blasen wirft. Speck und Zwiebeln darauf verteilen, Käse darüber streuen. Ei und Sahne verquirlen, mit Salz, Pfeffer und Muskat abschmecken und über die Zwiebelmasse gießen. Bei 180 °C etwa 35 bis 40 Minuten backen.

Tipp: Zum lauwarmen Zwiebelkuchen ein Glas jungen, neuen Wein (Sauser oder Federweißen) servieren.

Geschmortes Hirschkalbsgulasch

- 100 g durchwachsener Speck
- 50 ml Olivenöl
- 500 g Hirschkalbsgulasch
- 1 Schalotte
- 400 ml Rotwein
- 50 g getrocknete Tomaten
- 1 TL gehackter Rosmarin
- 3 EL Hagebuttenmus
- 150 g Sahne, Salz und Pfeffer

1. Den Speck in kleine Würfel schneiden und im Olivenöl anbraten. Das Fleisch ebenfalls in Würfel schneiden, hinzufügen und kräftig von allen Seiten bräunen. Die Schalotte schälen, klein schneiden und unterrühren, kurz dünsten und mit dem Rotwein ablöschen.

2. Die getrockneten Tomatenwürfel, den Rosmarin und das Hagebuttenmus dazugeben, 45 Minuten schmoren. Mit der Sahne auffüllen, mit Salz und Pfeffer würzen.

Tipp: Mit Kartoffelklößchen und Preiselbeerkompott servieren.

Kartoffelklöße mit Majoran

1. Die Kartoffeln in der Schale kochen, anschließend schälen und auf einer Platte auskühlen und trocknen lassen (am besten am Vortag). Die Kartoffeln durch die Kartoffelpresse geben.

2. Die Schalotte in der Butter glasig dünsten, die Semmelbrösel zufügen und kurz bräunen. Zusammen mit dem Grieß, dem Ei, dem Majoran, Salz und Pfeffer zu dem Kartoffelteig geben und gut vermischen. So viel Mehl zufügen, bis der Teig bindet und sich gut formen lässt.

3. Mit bemehlten Händen Klöße formen und diese sofort in Salzwasser etwa 15 Minuten ziehen lassen. Die Klöße sind gar, wenn sie oben schwimmen.

- 1–1,5 kg Kartoffeln
- 1 fein gewürfelte Schalotte
- 40 g Butter
- 1 EL Semmelbrösel
- 1 EL Grieß, 1 Ei
- 1 EL getrockneter Majoran
- 3–4 EL Mehl, Salz und Pfeffer

Gefüllte Täubchen

1. Die Täubchen innen und außen mit kaltem Wasser abspülen, trockenreiben, salzen und pfeffern.

2. Für die Füllung die klein geschnittene Schalotte in der Butter glasig dünsten, die klein geschnittenen Champignons zufügen und 5 Minuten braten. Die geschälten Maronen fein hacken, mit dem Thymian hinzufügen. Das Brötchen in kaltem Wasser einweichen. Die Geflügellebern in 50 ml Olivenöl braten, etwas abkühlen lassen und in feine Würfel schneiden. Die Lebern mit den Pilzen und Maronen mischen, das gut ausgedrückte Brötchen, das Ei, die gehackte Petersilie zufügen, unterrühren und mit Salz und Pfeffer würzen.

3. Die Tauben mit der Farce füllen und mit Zahnstochern zustecken. In einen Bräter setzen, mit restlichem heißem Olivenöl übergießen und bei 200 °C 35 bis 40 Minuten braten. Die Täubchen warm stellen. Für die Sauce den Bratensatz mit Geflügelfond lösen, reduzieren lassen, mit Rotwein und Crème fraîche abschmecken.

- 4–6 Täubchen, Salz, Pfeffer
- 1 Schalotte, 50 g Butter
- 100 g Champignons
- 200 g Maronen, 1 TL Thymian
- 1 altbackenes Brötchen
- 200 g Geflügellebern
- 100 ml Olivenöl, 1 Ei
- 1 Bund Petersilie
- 150 ml Geflügelfond
- 50 ml Rotwein
- ca. 100 g Crème fraîche

Fasan im Speckmantel

1. Die Fasane kalt abspülen, trockenreiben, innen und außen salzen (sparsam, da der Speck auch salzig ist) und pfeffern.

2. Mit den Speckscheiben belegen und mit Küchengarn fest umwickeln. Das Olivenöl erhitzen, die Fasane damit übergießen und bei 180 °C im Ofen 45 Minuten braten.

Variation: Die Fasane mit der Füllung des Täubchen-Rezeptes füllen. Die Füllung mit schwarzen Trüffeln verfeinern.

Tipp: Auf Champagnerkraut (siehe Rezept S. 94) servieren.

- 2 Fasane à 750 g
- Salz und Pfeffer
- 150 g Speck (in dünne Scheiben geschnitten)
- 100 ml Olivenöl

Hasenragout

500 g durchwachsener Speck
1 Wildhase (portioniert)
2–3 EL Olivenöl
5 Schalotten
75 g Semmelbrösel
Salz und Pfeffer
5 Wacholderbeeren
3 Nelken, 1 1/2 l Rotwein
50 ml Gemüsebrühe
200 g Sahne

1. Den in Würfel geschnittenen Bauchspeck in einem Bräter anbraten, die Hasenteile und das Olivenöl zufügen, das Fleisch kräftig bräunen. Die Schalotten schälen, klein schneiden und dazugeben.

2. Die Semmelbrösel über die Hasenteile streuen, salzen und pfeffern, die Wacholderbeeren und die Nelken zufügen und mit 750 ml Rotwein und der Gemüsebrühe auffüllen. Den Bräter verschließen, bei 200 °C im Backofen 1 ½ Stunden garen.

3. Nach 45 Minuten mit restlichem Rotwein auffüllen. 15 Minuten vor Ende der Garzeit die Sahne zufügen (nicht umrühren).

Tipp: Das Gericht kann im Schmortopf serviert werden.

Holunderbirne

3 Birnen
Saft von 1 Zitrone
200 ml Weißwein
4 EL Zucker
ca. 1 TL Zimt
200 ml Rotwein
100–150 ml Holundersaft
Saft von 1 Orange

1. Die Birnen halbieren, schälen, das Kerngehäuse entfernen und mit Zitronensaft beträufeln.

2. Den Weißwein mit 2 Esslöffeln Zucker und einer Prise Zimt aufkochen. 2 Birnenhälften klein schneiden und im Weißweinsud garen. Die Birnen herausnehmen, den Sud reduzieren, bis 1 Tasse Flüssigkeit übrig bleibt. Damit die Birnenwürfel pürieren und kühl stellen.

3. Den Rotwein mit Holundersaft, Orangensaft, einer Prise Zimt und 2 Esslöffeln Zucker aufkochen. Die 4 Birnenhälften darin weich kochen und im Sud erkalten lassen.

4. Die Birnenhälften abtropfen lassen, fächerförmig aufschneiden und auf einem Spiegel von Birnenpüree servieren. Mit etwas Holundersud übergießen.

Maronenparfait

1. Die Maronen grob hacken. 2 Esslöffel Zucker mit der Butter schmelzen lassen. Die Maronen hinzufügen, kurz umrühren, mit 50 g Sahne ablöschen und 5 Minuten bei milder Hitze köcheln lassen.

2. Mit dem Stabmixer pürieren, Amaretto und Orangenschale zufügen. Die Masse abkühlen lassen. Die restliche Sahne mit 4 Esslöffeln Zucker aufschlagen, unter das Maronenpüree heben und die Masse gefrieren lassen. Das Parfait kann auch zuerst in der Eismaschine etwa 20 Minuten gerührt und dann gefroren werden (es ist dann geschmeidiger).

Variation: Aus dem Parfait kann man auch ein Maronenmousse zubereiten. Dazu 2 Blatt Gelatine 5 Minuten in kaltem Wasser einweichen, in dem erhitzten Amaretto auflösen und zufügen. Etwa 3 Stunden kühl stellen.

Tipp: Mit kandierten Maronen und Orangenfilets servieren.

- 250 g geschälte Maronen (aus der Dose oder vakuumverpackt)
- 6 EL Zucker
- 20 g Butter
- 250 g Sahne
- 2 EL Amaretto
- abgeriebene Schale von 1 unbehandelten Orange

Maronentarte

1. Für den Teig das Mehl, die Butter, den Puderzucker, das Ei und eine Prise Salz verkneten und 30 Minuten kühl stellen.

2. Für den Belag den Zucker schmelzen lassen, den Honig zufügen. Mit der Sahne ablöschen und bei milder Hitze rühren, bis sich der Karamell auflöst. Etwas abkühlen lassen. Rum, gehackte Maronen, klein geschnittene Aprikosen, Nüsse und Mandeln untermischen. Das Mehl darüber sieben und unterrühren.

3. Den Teig in eine gefettete Tarteform geben, den Belag darauf verteilen und die Tarte bei 180 °C im vorgeheizten Ofen 45 Minuten backen.

- 275 g Mehl
- 125 g kalte Butter
- 125 g Puderzucker
- 1 Ei, Salz
- 200 g Zucker, 100 g Honig
- 150 g Sahne, 1 EL Rum
- 250 g geschälte Maronen
- 100 g getrocknete Aprikosen
- 250 g gehackte Nüsse und Mandeln
- 2 EL Mehl

Andreas Wachter

November

Trüffelzeit – Eichenwälder und laubbedeckter Grund sind von Feuchtigkeit durchtränkt, Nebelschwaden verschleiern Bäume und Sträucher. Die Erde riecht würzig, den Schatz des »schwarzen Goldes« verbirgt sie in ihrer Tiefe. Glücklich, wer in dieser Zeit Liebe erfährt!

November

Menü

Getrüffelte Geflügelleberpastete
mit
Cumberlandsauce

Zanderfilet in Bacon
mit
Pakrikamark auf Champagnerkraut

Getrüffelter Camembert
mit
Weintrauben und Nussbrot

Getrüffelte Kartoffelsuppe

1. Einen Kochtopf mit der Knoblauchzehe ausreiben. Schalotte schälen und in feine Würfel schneiden. Butter im Topf erhitzen und die Schalotte, den Sellerie und Lauch glasig dünsten.

2. Kartoffeln schälen, in Würfel schneiden, dazugeben und kurz umrühren. Mit Weißwein und Fond ablöschen, 30 Minuten köcheln lassen, nach 20 Minuten 200 g Sahne hinzufügen.

3. Mit dem Stabmixer pürieren und mit Salz, Pfeffer und Muskat abschmecken. Die restliche Sahne schlagen. Die Suppe in tiefe Teller füllen, etwas geschlagene Sahne einrühren, feine Trüffelscheiben darüber hobeln.

- 1 Knoblauchzehe
- 1 Schalotte, 30 g Butter
- je 50 g Selleriewürfel und Lauchstreifen (nur das Weiße)
- 200 g Kartoffeln
- 50 ml Weißwein
- 500 ml Gemüsefond
- 250 g Sahne
- Salz und Pfeffer, Muskatnuss
- 1 Trüffel

Getrüffelte Geflügelleberpastete

1. Die Steinpilze in heißem Wasser einweichen. Die Lebern säubern, waschen und trockentupfen. Die fein gehackte Schalotte in der Butter glasig dünsten, die Lebern zufügen, kräftig anbraten. Den Portwein, die Steinpilze mit dem Einweichwasser (falls es zu sandig ist, vorher durch einen Kaffeefilter laufen lassen) zufügen, bei milder Hitze die Lebern garen und die Flüssigkeit reduzieren lassen.

2. Abkühlen lassen, pürieren, die kalte Butter unterrühren, mit Salz und Pfeffer abschmecken. Die Trüffelwürfel untermischen und in eine mit Frischhaltefolie ausgelegte kleine Kastenform füllen. Mindestens 24 Stunden kühl stellen.

Tipp: Dazu passt Cumberlandsauce (siehe Rezept S. 57) und in Honig und Calvados gedünstete Apfelscheiben.

- 1 EL getrocknete Steinpilze
- 350 g Geflügellebern
- 1 Schalotte
- 50 g Butter
- ca. 30 ml Portwein
- 150 g kalte Butter
- Salz und Pfeffer
- ca. 15 g fein gewürfelter schwarzer Trüffel

Trüffelsahne zu Pasta

1. Die Schalotte im Trüffelöl glasig dünsten, mit dem Kalbsfond ablöschen, Sahne und Noilly Prat zufügen, einkochen lassen. Mit Salz, Pfeffer und Muskat abschmecken.

2. Zu feinen Bandnudeln servieren. Über jede Portion Pasta etwas Sauce geben und den Trüffel frisch darüber hobeln.

Variation: Wer der Sauce mehr Trüffelaroma verleihen will, kann 1 Esslöffel Trüffelcreme untermischen (in Feinkostläden erhältlich).

- 1 fein gehackte Schalotte
- 3 EL Trüffelöl
- 250 ml Kalbsfond
- 150 g Sahne
- 2 EL Noilly Prat
- Salz, Pfeffer, Muskatnuss
- 1 Trüffel

Rosenkohltarte mit Gänsebrust

- 1 kg Rosenkohl
- Salz
- 8 Scheiben Tiefkühlblätterteig
- 150 g geräucherte Gänsebrust
- 2 Eier
- 200 g Sahne
- Pfeffer, Muskatnuss
- 50 g geriebener Parmesan

1. Den Rosenkohl putzen, waschen und in Salzwasser 5 Minuten kochen. Abtropfen und abkühlen lassen.

2. Den Blätterteig auftauen lassen und in eine gefettete Tarteform geben, mit einer Gabel einstechen, den Rosenkohl darauf verteilen. Die Gänsebrust in Würfel schneiden und darüber streuen. Die Eier mit der Sahne verquirlen, mit Salz, Pfeffer und Muskat abschmecken (sparsam mit dem Salz sein, falls die Gänsebrust würzig ist).

3. Die Eiersahne über die Tarte gießen, den Parmesan darüber streuen, bei 200 °C etwa 35 bis 40 Minuten im Ofen backen.

Rinderfilet mit Trüffeln

- 4 Scheiben Rinderfilet (ca. 8 cm dick)
- 100 g Geflügelleberpastete oder getrüffelte Sahne-Leberwurst
- 4 Scheiben Trüffel
- 4 Scheiben durchwachsener Speck
- 6 EL Öl
- Salz und Pfeffer

1. Die Rinderfiletscheiben flach klopfen, seitlich quer zur Faser eine Tasche einschneiden. In diese je eine dicke Scheibe Leberpastete und eine Trüffelscheibe geben. Das Filetstück mit der Speckscheibe umwickeln (in Querrichtung, sodass die Schnittstelle zugedeckt ist) und mit einem Holzspießchen feststecken.

2. Die Filetscheiben von beiden Seiten kräftig im heißen Öl anbraten (je Seite 3 Minuten) und anschließend salzen und pfeffern.

Tipp: Dazu Kartoffel-Sellerie-Gratin reichen (siehe S. 93).

Kartoffel-Sellerie-Gratin

ca. 350 g Knollensellerie
200 g Sahne
500 g Kartoffeln
1 Ei
Salz, Pfeffer, Muskatnuss
Butter

1. Den Sellerie putzen, waschen und in Würfel schneiden. Die Selleriewürfel in der Sahne erhitzen und weich kochen, etwas abkühlen lassen und pürieren.

2. Kartoffeln schälen und reiben. Die geriebenen Kartoffeln und das Ei unter das Selleriepüree mischen, mit Salz, Pfeffer und Muskat abschmecken.

3. In eine gebutterte Gratinform geben und etwa 45 Minuten bei 200 °C im Ofen backen.

Variationen:
- Krosse Speckwürfel oder glasig gedünstete Zwiebelwürfel untermischen.
- In Butter gebräunte Salbeiblätter auf das Gratin geben.
- Die Gratinform mit Trüffelöl ausreiben und vor dem Servieren Trüffelscheiben auf das Gratin hobeln.
- Aus dem Teig kleine krosse Puffer in Öl backen.

Zanderfilet in Bacon

750 g Zanderfilet (2 Stück)
Saft von 1 Zitrone
Salz und Pfeffer
3 EL gehackte Kräuter (z. B. Petersilie, Dill, Thymian)
200 g Bacon
Öl

1. Die Zanderfilets mit Zitronensaft beträufeln, salzen und pfeffern. Die Kräuter auf die Innenseite eines Filets geben, das zweite Filet darauf legen. Den Bacon auf einer geölten Alufolie ausbreiten und den Zander darin einwickeln, leicht andrücken, Alufolie schließen und bei 200 °C im vorgeheizten Backofen 15 Minuten garen.

2. Die Folie öffnen und den Fisch kurz übergrillen, damit der Bacon kross wird. In Scheiben aufgeschnitten servieren.

Tipp: Mit Paprikamark und Champagnerkraut (siehe Rezept S. 94) servieren. Für das Paprikamark 2 rote Paprikaschoten putzen, waschen, klein schneiden und in Olivenöl andünsten, mit Fischfond ablöschen, 15 Minuten garen, pürieren, mit Sahne, Salz und Pfeffer abschmecken.

Champagnerkraut

1 Schalotte
1 kleiner Apfel
30 g Butter
300 g frisches Sauerkraut
ca. 200 ml Champagner
(evtl. 1 Tasse Gemüsebrühe)
Salz und Pfeffer

1. Die Schalotte und den Apfel schälen und entkernen. Beides in feine Würfel schneiden. In der Butter andünsten, das Sauerkraut auseinander zupfen und hinzufügen.

2. Kurz umrühren, mit Champagner auffüllen (das Kraut sollte bedeckt sein, eventuell noch Brühe hinzufügen). 30 Minuten köcheln lassen, mit Salz und Pfeffer abschmecken.

Variation: Statt des Apfels Ananas verwenden.

Tipp: Das Champagnerkraut zum Zanderfilet in Bacon (siehe S. 93) oder Fasan im Speckmantel (siehe S. 85) servieren.

Butter-Scotch-Sauce

150 g Zucker
20 g Butter
200 g Sahne
2 EL Whiskey

Den Zucker schmelzen lassen, bis er anfängt zu bräunen. Sofort die Butter zufügen und vorsichtig mit der Sahne angießen. Bei milder Hitze köcheln lassen, bis sich der Karamell aufgelöst hat, eventuell etwas reduzieren. Den Whiskey zufügen.

Tipp: Lauwarm zu Parfait oder Eis servieren.

Getrüffelter Camembert

1. Den Camembert vorsichtig zweimal quer aufschneiden. Eine Schicht mit den Trüffeln füllen.

2. Die Haselnüsse kurz ohne Fettzugabe in einer Pfanne rösten, in die zweite Camembertschicht füllen. Den Camembert gut andrücken, in Alufolie wickeln, mindestens 24 Stunden kühl stellen und durchziehen lassen.

Tipp: Camembert aufschneiden und mit Weintrauben zu einem Nussbrot servieren.

- 1 Camembert à 200 g
- 1 EL gehobelter Trüffel
- 1 EL gehackte Haselnüsse

Linzer Torte

1. Butter, Zucker und Ei schaumig rühren. Die Nüsse, das Mehl, Zimt, Nelken, Orangenschale und Kirschwasser nach und nach unterrühren.

2. Den Teig eine halbe Stunde kühl stellen. In eine gefettete Springform 2/3 des Teiges geben und einen 2 cm hohen Rand formen. Die Marmelade auf dem Teig verteilen. Den restlichen Teig ausrollen und in Streifen schneiden. Gitterförmig über den Kuchen legen und mit verquirltem Eigelb bestreichen.

3. Bei 180 °C 60 Minuten im Ofen backen. Einen Tag ruhen lassen.

- 300 g Butter
- 300 g Zucker, 1 Ei
- 300 g gemahlene Nüsse
- 300 g Mehl, 1 TL Zimt
- 1 Msp Nelkenpulver
- abgeriebene Schale von 1 unbehandelten Orange
- 2 EL Kirschwasser
- 250 g Erdbeermarmelade
- 1 Eigelb

Werner Tübke

Winter

Still ist alles und so fein,
daß man meint, im Bett zu sein.
Winter will mit seinem Schnee,
daß ich Schönes an ihm seh'.

Maler malen Zauberbilder.
Komm' ich mir nicht selber milder
in der weichen Einsicht vor,
daß ich mancherlei verlor?

In der Tat ist Winterschlaf
offenbar gescheit und brav.
Über's weiße Feld zu schauen,
spendet Ruh' und gibt Vertrauen.

Fein ist Schnee wie das Verzeihn,
das von selber will gedeihn.
Seht, wie's liegt auf Weg' und Hecken,
was wir keineswegs bezwecken!

ROBERT WALSER

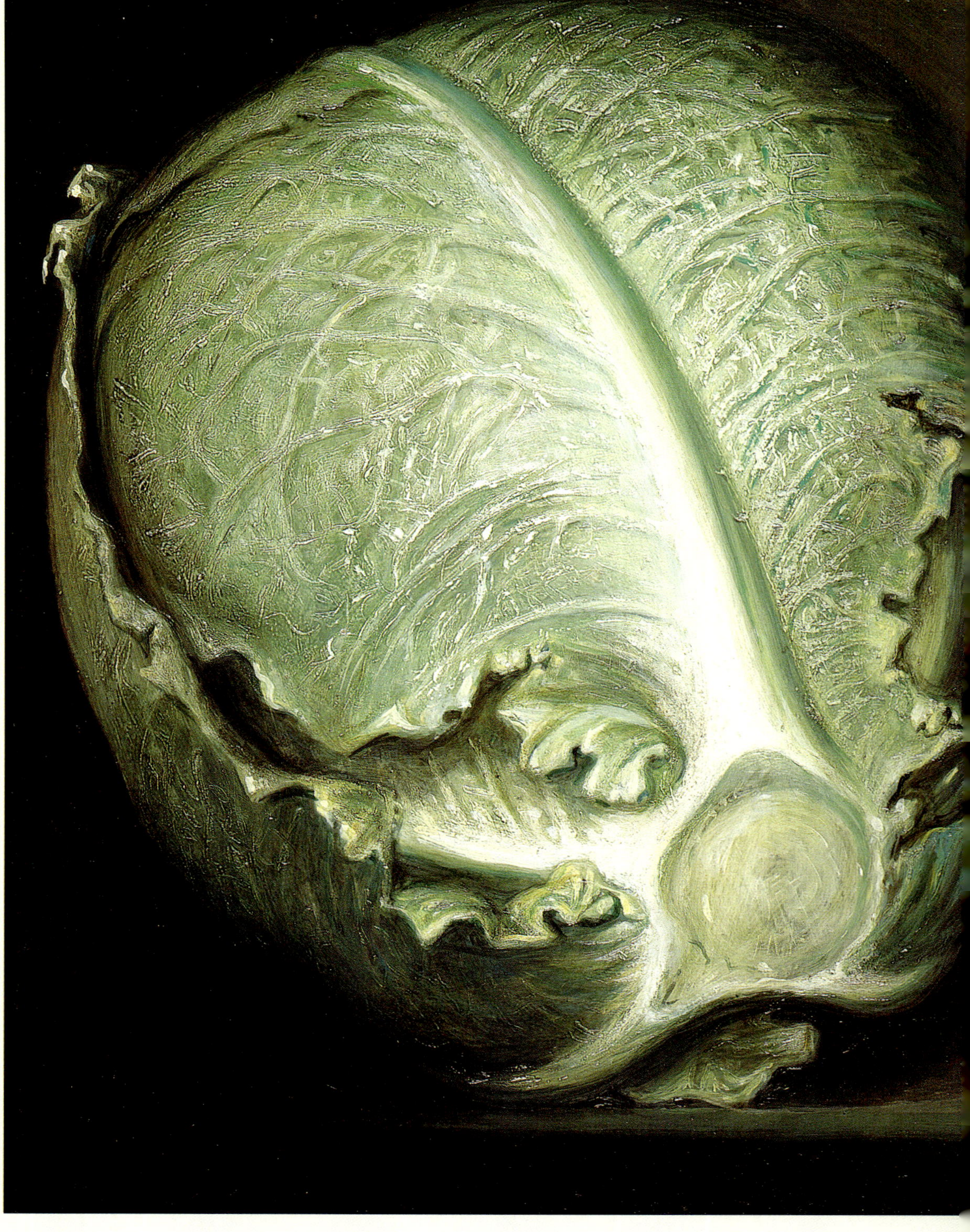

Volker Stelzmann

Dezember

Besinnlichkeit, Harmonie und Kerzenlicht prägen diese glanzvolle Facette des Jahres. Draußen überzieht der Winter mit Raureif Feld, Wald und Wiesen. Im Kamin prasselt das Feuer. Geborgenheit und Umfangensein erhält für uns Menschen noch mehr Bedeutung.

Dezember

Menü

Hummerkrabben-Lachs-Terrine

Pilzessenz

Entenbrust in Holundersauce
mit
gefüllten Wirsingköpfchen
und
Wildreiscrêpes

Bratapfel mit Vanillesauce

Hummerkrabben-Lachs-Terrine

1. Die Gelatine in kaltem Wasser einweichen. Fischfond mit 150 ml Wasser, Salz, Pfeffer, Noilly Prat und Lorbeerblatt erhitzen. Die Hummerkrabben darin 8 Minuten bei milder Hitze garen, herausnehmen und den Sud einkochen lassen.

2. Hummerkrabben, Räucherlachs, Crème fraîche und Zitronensaft pürieren. Die Sahne steif schlagen. Die Gelatine abtropfen lassen und in dem heißen Sud auflösen. Die pürierte Masse mit dem Sud mischen und vorsichtig die geschlagene Sahne und den Kerbel unterziehen.

3. Noch einmal abschmecken und in eine mit Frischhaltefolie ausgelegte Kastenform füllen. 24 Stunden kühl stellen.

- 10 Blatt Gelatine
- 150 ml Fischfond
- Salz und Pfeffer
- 2 EL Noilly Prat
- 1 Lorbeerblatt
- 200 g Hummerkrabben
- 200 g Räucherlachs
- 150 g Crème fraîche
- Saft von 1/2 Zitrone
- 200 g Sahne
- 1 Bund gehackter Kerbel

Leberpastete mit Pumpernickel-Rosinen-Kruste

1. Die Lebern im Öl anbraten, etwa 5 Minuten schmoren. Durch ein Sieb passieren, die Butter, die Schalotte, den Knoblauch, den Speck, den Cognac, den Portwein, den Zitronensaft, die Kräuter, den Senf und die Gewürze hinzufügen. 5 Minuten erhitzen, abschmecken und abkühlen lassen. Die Sahne steif schlagen, unter die Lebermasse rühren, mindestens 24 Stunden kühl stellen.

2. Für die Kruste Pumpernickel und Rosinen in der Küchenmaschine zerkleinern und über die Terrine streuen.

- 500 g Hühnerlebern
- 2–3 EL Öl, 200 g Butter
- je 1 gehackte Schalotte und Knoblauchzehe
- 1 EL ausgelassener Speck
- je 1 EL Cognac und Portwein
- 1 TL Zitronensaft
- je 1 TL Thymian und Rosmarin
- 1 TL Senf, Salz und Pfeffer
- 250 g Sahne
- 2 Scheiben Pumpernickel
- 1 Tasse Rosinen

Pilzessenz

- 2 EL getrocknete Steinpilze
- 1 kg Champignons
- 1/2 Tasse Gemüsebrühe
- Salz und Pfeffer
- 2 EL Sherry

1. Die Steinpilze in heißem Wasser einweichen. Die Champignons putzen, 2 schöne Pilze zur Seite legen. Den Rest blättrig schneiden. Die Gemüsebrühe erhitzen und die Champignons dazugeben. Die Steinpilze und das gefilterte Einweichwasser zufügen und bei milder Hitze umrühren.

2. Die Pilze mit der Flüssigkeit in ein Mulltuch geben, kräftig ausdrücken. Die Essenz etwas reduzieren, mit Salz, Pfeffer und Sherry abschmecken.

Tipp: Die rohen Pilze in Scheiben schneiden und in tiefe Teller legen. Mit der heißen Pilzessenz auffüllen.

Seezungenfilet mit kleinem Linsensalat

- 150 g kleine rote Linsen
- 150 ml Gemüsefond
- 1/2 Apfel
- 1 kleine Frühlingszwiebel
- 70 g Butter
- 2 EL Essig, 3–4 EL Öl
- Salz und Pfeffer
- 4 Seezungenfilets
- Saft von 1/2 Zitrone
- 1 EL Mehl

1. Für den Linsensalat die Linsen kalt abspülen und verlesen. Im Gemüsefond bei milder Hitze etwa 10 Minuten garen, abtropfen lassen. Den Apfel schälen und vom Kerngehäuse befreien, die Zwiebel schälen, beides in feine Würfel schneiden, in 20 g Butter glasig dünsten. Aus Essig, Öl, Salz und Pfeffer eine Vinaigrette rühren. Mit Linsen, Zwiebel- und Apfelwürfel mischen und 1 Stunde ziehen lassen.

2. Die Seezungenfilets mit Zitronensaft beträufeln, salzen und pfeffern, vorsichtig in Mehl wenden. In der restlichen Butter von beiden Seiten 3 bis 4 Minuten braten. Sofort mit dem Linsensalat servieren.

Entenbrust in Holundersauce

1. Die Entenbrüste salzen und pfeffern, mit der geschmolzenen Butter übergießen und mit der Hautseite nach oben im vorgeheizten Backofen bei 180 °C etwa 25 bis 30 Minuten braten. Herausnehmen und warm stellen. Den Bratenfond mit dem Geflügelfond lösen, Holundersaft zufügen, reduzieren, mit der Butter aufschlagen, mit Essig, einer Prise Zucker, Salz und Pfeffer abschmecken.

2. Die Entenbrust aufschneiden, auf der Holundersauce anrichten und servieren.

Tipp: Mit Wildreiscrêpes und gefüllten Wirsingköpfchen servieren.

- 2 Entenbrüste
- Salz und Pfeffer
- 30 g Butter
- 150 ml Geflügelfond
- 100 ml Holundersaft
- 30 g kalte Butter
- 1 EL Rotweinessig
- Zucker

Gefüllte Wirsingköpfchen

1. Den Schinkenspeck im Öl anbraten, die Schalotte und etwas Butter zufügen. Kurz umrühren. Die Champignons putzen, blättrig schneiden, zu den Schinkenwürfeln geben und garen. Die Petersilie untermischen, salzen und pfeffern.

2. Aus den Wirsingblättern den Mittelstrunk herausschneiden. In eine Schöpfkelle je ein Wirsingblatt legen, 2 bis 3 Esslöffel der Pilzmischung einfüllen und das Wirsingblatt schließen.

3. In eine gebutterte Auflaufform setzen, Butterflocken auf jedes Wirsingköpfchen geben und bei 200 °C im vorgeheizten Backofen 15 Minuten garen.

- 75 g gewürfelter Schinkenspeck
- 2 EL Öl
- 1 fein gehackte Schalotte
- ca. 50 g Butter
- 200 g Champignons
- 1 EL gehackte Petersilie
- Salz und Pfeffer
- 5 blanchierte Wirsingblätter

Wildreiscrêpes

1. Den Reis in der Geflügelbrühe mit einer Prise Salz etwa 20 Minuten garen. Das Eiweiß steif schlagen, den abgetropften Reis hinzufügen und vermischen.

2. Den Reis in heißer Butter zu kleinen knusprigen Crêpes backen und auf Küchenpapier abtropfen lassen.

- 200 g Wildreis
- 1 l Geflügelbrühe, Salz
- 1 Eiweiß
- Butter zum Ausbacken

Walnussparfait

100 g Walnüsse
1/4 l Milch
2 Eier
80 g Zucker
200 g Sahne

1. Die Walnüsse mahlen, in der Milch aufkochen und etwas reduzieren. Etwa 10 Minuten bei milder Hitze ziehen und abkühlen lassen.

2. Die Eier trennen, das Eigelb mit dem Zucker zu einer weißen Creme aufschlagen. Die Nussmilch darunter ziehen. Eiweiß und Sahne getrennt steif schlagen. Beides unter die Nusscreme ziehen. 20 Minuten in der Eismaschine rühren (so wird das Parfait geschmeidiger), dann gefrieren. Wenn keine Eismaschine vorhanden ist, während des Gefrierens immer wieder umrühren.

Tipp: Mit Vanille- oder Butter-Scotch-Sauce (siehe S. 94) und Früchten servieren.

Champagnermousse

4 Blatt Gelatine
3 Eier
120 g Zucker
150 ml Champagner
Saft und Schale von 1 unbehandelten Zitrone
150 g Sahne

1. Die Gelatine in kaltem Wasser einweichen. Die Eier trennen und das Eigelb mit Zucker zu einer weißen Creme aufschlagen. Vorsichtig über dem Wasserbad erhitzen (nicht kochen), den Champagner dazugeben und rühren, bis die Masse dickflüssig geworden ist.

2. Die Gelatine in der heißen Masse auflösen. Über Eiswasser kalt rühren, Schale und Saft der Zitrone zufügen. Die Creme kühl stellen, bis sie steif wird. Eiweiß und Sahne steif schlagen und unterheben. Die Mousse mindestens 4 Stunden kühlen.

Tipp: Mit Früchten, z. B. frischen Himbeeren oder Feigen, servieren.

Weihnachtlicher Bratapfel

150 g Zucker
200 g Sahne
1 EL Honig
Zimt
100 g Mandelblätter
4 Äpfel
3 EL Amaretti-Kekse
Butter

1. Den Zucker karamellisieren lassen. Wenn er bräunt, vorsichtig die Sahne dazugießen, aufkochen, bis sich der Karamell löst. Reduzieren, dann den Honig, eine Messerspitze Zimt und die Mandelblätter untermischen und abkühlen lassen.

2. Aus den Äpfeln das Kerngehäuse ausstechen, die untere Öffnung mit Amaretti-Keksen verschließen. Die Mandelkaramellsauce in die Äpfel geben, etwas übrig lassen.

3. Die Äpfel in eine gebutterte Auflaufform setzen, die restliche Sauce und die Butterflöckchen darüber verteilen. Bei 180 °C etwa 15 Minuten im vorgeheizten Ofen braten.

Tipp: Mit Vanillesauce oder angeschmolzenem Vanilleeis servieren.

Vanillesauce

150 ml Milch
200 g Sahne
1 Vanilleschote
3 Eigelb
65 g Zucker

1. Milch und Sahne erhitzen. Die Vanilleschote aufschneiden, das herausgekratzte Mark und die Schote hineingeben und 10 Minuten bei milder Hitze ziehen lassen, Schote dann entfernen.

2. Eigelb mit dem Zucker zu einer weißen Creme aufschlagen, mit dem Schneebesen unter die Milch schlagen. Weiterschlagen, bis die Sauce cremig wird. Auf Eiswasser kalt schlagen und kühl stellen.

Volker Stelzmann

Januar

Winterschwere, klirrende Kälte, Schnee und blauer Himmel lassen die Kürze der Tage vergessen. Ein Spaziergang durch verschneite Winterlandschaft wird zu einem Genuss. Mitunter trübe Tage werden durch menschliche Wärme und Liebe versüßt.

Januar

Menü

Spinatsalat
mit Pinienkernen

Backeskartoffeln

Grapefruit-Orangen-Terrine
auf Vanillesauce

Vinaigrette-Variationen

- 2 Teile Öl und 1 Teil Essig
- Salz und Pfeffer

Das Öl mit dem Schneebesen aufschlagen und den Essig tropfenweise dazugeben. Mit Salz und Pfeffer abschmecken. Die Menge ist ausreichend für einen Kopfsalat.

Variationen:

• Tropfenweise dem Öl noch verschiedene Fonds zufügen (2 bis 3 Esslöffel) und mit dem Schneebesen unterschlagen, z. B. Gemüse-, Geflügel-, Wild- oder Pilzfonds, passend zu den Beilagen eines Salattellers (Wildfond zu gebratener Rehleber oder Rehfilet mit Blattsalaten).

• Vinaigrette mit Senf (z. B. Dijon-Senf, Estragonsenf, Kräutersenf) anreichern.

• Für eine süße Note z. B. Honig, Apfeldicksaft oderAhornsirup hinzufügen.

• Weiß- oder Rotwein, Portwein oder Sherry hinzufügen.

• Mit frischen Kräutern aus dem Garten: Petersilie, Schnittlauch, Pimpernell, Zitronenmelisse, Estragon, Dill, Kerbel, Kresse, Borretsch, Minze, Basilikum.

• Mit feinen Tomatenwürfeln (auch Radieschen oder Zucchini) bekommt die Vinaigrette eine fruchtige Gemüsenote.

• Feine Zwiebelwürfel, z. B. rote Zwiebeln, sind sehr würzig, wirken optisch interessant und passen besonders gut zu Avocados.

• Mit 1 Esslöffel Crème fraîche wird die Vinaigrette mild und gehaltvoll.

• Mit frischer Rauke bekommt der ganze Salat eine würzige Geschmacksrichtung.

Die Vinaigrette-Varianten passen zu verschiedenen Blattsalaten wie Eisbergsalat, Lollo Bianco oder Rosso, Friséesalat, Feldsalat, Chicorée, Radicchio. Ergänzt werden können die Salate mit Salatgurke, Radieschen, Rettich, Champignons und anderen Pilzen und verfeinert mit Pinienkernen, Walnüssen oder Haselnüssen, gehobeltem Parmesan oder gerösteten Weißbrot- oder Schinkenwürfeln.

Spinatsalat mit Pinienkernen

- ca. 500 g frischer Blattspinat
- 4 EL Pinienkerne
- Öl und Essig
- etwas Dijon-Senf und Honig
- Salz und Pfeffer

1. Den Spinat gut verlesen, die Stiele und dicken Rispen entfernen, anschließend waschen und abtropfen lassen.

2. Die Pinienkerne in einer Pfanne ohne Fettzugabe goldbraun rösten, dabei ständig umrühren, damit sie gleichmäßig bräunen und nicht schwarz werden.

3. Für die Vinaigrette das Öl aufschlagen, langsam den Essig dazugeben und mit Senf, Honig, Salz und Pfeffer würzen.

4. Den Spinat mit der Vinaigrette mischen, auf großen Tellern anrichten und je 1 Esslöffel Pinienkerne darüber streuen. Mit gerösteten Weißbrotwürfeln servieren.

Salatteller mit Entenbrust

1 Lollo Rosso oder Eichblattsalat
3–4 Entenbrustfilets (je nach Größe)
ca. 100 g Kirschtomaten
ca. 200 g Champignons oder Pfifferlinge
Butterschmalz zum Anbraten
Öl (besonders gut Nussöl) und Essig
etwas Senf und Apfeldicksaft
Salz und Pfeffer

1. Den Salat putzen, waschen und gut abtropfen lassen. Die Entenbrüste in einer Pfanne ohne Fettzugabe mit der Hautseite nach unten kräftig anbraten, bis sie braun und kross sind (dabei läuft das Fett heraus), dann die Hitze reduzieren und etwa 10 bis 15 Minuten braten. Anschließend wenden und die zweite Seite ebenfalls etwa 10 Minuten braten. Die fertig gebratenen Entenbrustfilets in Alufolie wickeln und warm stellen, so wird der eigene Saft gebunden.

2. In der Zwischenzeit die Tomaten waschen und vierteln und die Pilze putzen. Die Pilze blättrig aufschneiden, roh verwenden oder kurz in einer Pfanne in etwas Butterschmalz schwenken.

3. Für die Vinaigrette das Öl aufschlagen, langsam den Essig untermischen und mit Senf, Apfeldicksaft, Salz und Pfeffer abschmecken. Den Salat mit der Vinaigrette mischen und mit den Tomaten und Pilzen auf großen Tellern anrichten. Die Entenbrust in dünne Scheiben schneiden und um die Salatportionen anrichten.

Tipp: Zur Verfeinerung den Bratenfond mit etwas Portwein ablöschen, reduzieren und der Vinaigrette zufügen.

Cäsar-Salat

1 Eisbergsalat
100 g Schinkenwürfel
etwas Butter
4 Scheiben Toastbrot
1 Eigelb
ca. 100 ml Öl
1 Knoblauchzehe
Saft von ½ Zitrone
1 TL Senf
Salz und Pfeffer
100 g frischer Parmesan

1. Den Salat putzen, waschen und gut trockenschütteln. Die Schinkenwürfel kurz anbraten und auf Küchenpapier abtropfen lassen. In der Pfanne etwas Butter erhitzen und das in Würfel geschnittene Toastbrot rösten.

2. Aus dem Eigelb und Öl (tropfenweise zugeben) unter ständigem Schlagen eine Mayonnaise rühren. Die Knoblauchzehe hineinpressen und mit Zitronensaft, Senf, Salz und Pfeffer abschmecken. Etwas von dem frischen Parmesan in die Mayonnaise reiben und mit dem Eisbergsalat mischen.

3. Den Salat auf Tellern verteilen, Schinken- und Toastwürfel darüber streuen und nach Belieben frischen Parmesan darüber hobeln.

Tipp: Die Zutaten für die Mayonnaise sollten alle dieselbe Temperatur haben, damit sie nicht gerinnt!

Avocado-Tartar

2 reife Avocados
1 TL Zitronensaft
1 Zwiebel
2–3 EL Olivenöl
1 EL Essig
Salz und Pfeffer

1. Die Avocados schälen, das Fruchtfleisch vom Kern trennen und mit einer Gabel zerdrücken. Sofort mit etwas Zitronensaft mischen, damit das Püree schön grün bleibt.

2. Die Zwiebel schälen, in feine Würfel schneiden, Öl, Essig, Salz und Pfeffer unterrühren. Sparsam mit den Flüssigkeiten sein, damit das Püree nicht zu flüssig wird. Zum Servieren kann man mit einem Esslöffel aus dem Avocado-Tartar Klößchen formen.

Variation: Man kann die Avocados auch ganz einfach genießen: Die ungeschälte Frucht halbieren, den Kern entfernen und aus den aufgeführten Zutaten eine Vinaigrette rühren, die man in das Kernloch füllt.

Tipp: Besonders gut schmeckt das Avocado-Tartar auf gerösteten Weißbrotscheiben. Mit einer Scheibe Räucherlachs oder etwas Lachs-Tartar serviert wird es zu einer attraktiven Vorspeise.

Kerbelsuppe

1 kleine Zwiebel
20 g Butter
3–4 Kartoffeln (ca. 250 g)
800 ml Gemüsebrühe
2 Bund frischer Kerbel
ca. 200 g Sahne
Salz und Pfeffer

1. Die Zwiebel schälen und klein schneiden. In der Butter glasig dünsten. Die Kartoffeln schälen und in kleine Würfel schneiden. Zu den Zwiebeln geben und kurz anbraten. Mit der Gemüsebrühe ablöschen und die Kartoffeln weich kochen.

2. Den Kerbel waschen, trockentupfen und grob hacken. Wenn die Kartoffelwürfel weich sind, den Kerbel hinzufügen und die Suppe mit dem Stabmixer pürieren. Die Sahne dazugießen und mit Salz und Pfeffer abschmecken.

Tipp: Man kann die Kerbelsuppe mit Räucherlachsstreifen oder gerösteten Weißbrotwürfeln servieren.

Backeskartoffeln

- 1 kg mehlig kochende Kartoffeln
- 4–5 Zwiebeln
- je 500 g frischer und geräucherter Schweinebauch
- 300 g Sahne
- ca. 500 ml Weißwein
- Salz und Pfeffer

1. Die Kartoffeln schälen, waschen und in grobe Würfel schneiden. Die Hälfte der Kartoffeln in eine große Auflaufform oder einen Bräter geben. Die Zwiebeln schälen und in Scheiben schneiden. Die Hälfte über die Kartoffeln streuen und die grob geteilten Fleischstücke darauf legen. Die restlichen Kartoffeln und die restlichen Zwiebeln darauf verteilen.

2. Die Sahne mit 300 ml Weißwein mischen und mit Salz und Pfeffer kräftig würzen. Über die Kartoffeln gießen. Den Topf schließen (eventuell mit Alufolie abdecken) und bei 200 °C im Backofen 1 bis 1 ½ Stunden garen. Die Garzeit hängt von der Sorte und Qualität der Kartoffeln ab. Während der Garzeit immer wieder mit Wein begießen. Der Auflauf sollte immer zu ¾ mit Flüssigkeit bedeckt sein. Die letzten 10 Minuten ohne Deckel garen, damit die oberste Schicht Zwiebeln und Kartoffeln braun und knusprig wird.

Variation: Man kann auch statt des frischen Schweinebauchs Kassler oder ein Stück Lammfleisch verwenden. Wegen des Aromas sollte auf alle Fälle der geräucherte Schweinebauch mitgekocht werden.

Tipp: Zu den Backeskartoffeln serviert man denselben trockenen Weißwein, den man zur Zubereitung verwendet hat.

Bœuf bourguignon

- 1 Bund Suppengrün (Möhre, Lauch, Sellerie)
- 1 Zwiebel
- 1 kg Rindfleisch
- 125 ml Rotwein
- 50 ml Olivenöl
- 1 Lorbeerblatt
- 150 g Schinkenspeck
- 150 g Champignons
- 200 g Schmand oder Crème fraîche
- Salz und Pfeffer

1. Das Suppengrün putzen, waschen und klein schneiden. Die Zwiebel schälen und in feine Würfel schneiden. Das Fleisch in 3 x 3 cm große Würfel schneiden. Das Suppengrün mit etwas Rotwein übergießen und 2 Stunden ziehen lassen. Den Rotwein abgießen und auffangen.

2. Das Olivenöl erhitzen und die Fleisch- und Gemüsewürfel kräftig von allen Seiten anbraten, mit dem Rotwein ablöschen, das Lorbeerblatt hinzufügen und etwa 1 bis 1 ½ Stunden schmoren.

3. Den Schinkenspeck in kleine Würfel schneiden und die Champignons putzen und in feine Scheiben schneiden. Kurz vor Ende der Garzeit die Schinkenspeckwürfel mit ein wenig Olivenöl kurz in einer Pfanne anbraten und die Champignons hinzufügen. Die Pilze kurz wenden und die Mischung zum Fleisch geben. Das Lorbeerblatt entfernen und die Sauce mit dem Schmand, Salz und Pfeffer und vielleicht einem Schuss Rotwein abschmecken.

Tipp: Bœuf bourguignon mit einem Glas Rotwein und Weißbrot servieren, dazu passen aber auch Kartoffeln oder selbstgemachte Bandnudeln.

Orangenparfait

4 Blatt Gelatine
250 ml frisch gepresster Orangensaft
4 EL Zucker
2 EL Orangenlikör
Schale von 1 unbehandelten Orange
200 g Sahne

1. Die Gelatine in kaltem Wasser einweichen. Die Hälfte des Orangensaftes erhitzen und darin den Zucker auflösen. Die tropfnasse Gelatine ebenfalls darin auflösen und den restlichen Orangensaft, den Likör und einige Streifen der Orangenschale untermischen. Die Masse für 45 Minuten kalt stellen, damit sie geliert.

2. Die Sahne steif schlagen und unter die Orangencreme heben. Die Masse kann in einer Eismaschine gerührt und anschließend im Tiefkühlgerät gefroren werden, dann ist sie besonders cremig. Wenn man keine Eismaschine hat, stellt man sie sofort in das Tiefkühlgerät und rührt sie immer wieder durch, bis sie steif gefroren ist.

3. Mit einem in heißes Wasser getauchten Löffel oder Eisportionierer Kugeln abstechen. Man kann das Gefäß auch kurz in heißes Wasser tauchen und dann das Parfait stürzen. Das Parfait in Scheiben schneiden und mit Früchten servieren (z. B. mit Mango, Kiwi oder Grapefruit).

Grapefruit-Orangen-Terrine

6 Blatt Gelatine
250 ml Weißwein
250 ml frisch gepresster Orangensaft
4 EL Zucker
4 EL Orangenlikör
3 rosa Grapefruits

1. Die Gelatine in kaltem Wasser einweichen. Den Weißwein mit dem Orangensaft und dem Zucker erhitzen und die tropfnasse Gelatine darin auflösen. Mit dem Orangenlikör abschmecken.

2. Die Flüssigkeit in eine Kastenform gießen und kalt stellen (etwa 60 Minuten), bis sie anfängt zu gelieren. Die Schale der Grapefruits großzügig abschneiden, sodass nichts von der weißen Haut zurückbleibt. Die Früchte filetieren, d. h. mit einem scharfen Messer das Fruchtfleisch zwischen den weißen Häuten heraustrennen. Die Fruchtfilets in die Flüssigkeit legen, sodass sie bedeckt sind.

3. Die Terrine für einen halben Tag in den Kühlschrank stellen, damit sie fest wird. Kurz vor dem Servieren in warmes Wasser tauchen, auf eine Platte stürzen und vorsichtig mit einem scharfen Messer Scheiben abschneiden. Auf einem kleinen Vanillesaucenspiegel oder halb geschmolzenem Vanilleeis mit Minzeblättchen servieren.

Variation: Das Fruchtfleisch würfeln und statt der Kastenform Portionsformen verwenden. Die Terrine wird besonders bunt, wenn Scheiben von Kiwis oder Karambolen oder blaue und grüne Trauben untergemischt werden.

Mascarpone-Amaretto-Creme

1 Blatt Gelatine
250 g Mascarpone
Amaretto-Likör nach Geschmack
Mark von 1 Vanilleschote
200 g Schlagsahne
3 EL Zucker
ca. 125 g Amaretti-Kekse

1. Die Gelatine in kaltem Wasser einweichen. Den Mascarpone glatt rühren und mit Amaretto abschmecken. Das Mark der Vanilleschote herauskratzen und unterrühren. Die Gelatine in 2 Esslöffeln heißem Wasser und 1 Esslöffel Amaretto auflösen und unter die Mascarponecreme rühren.

2. Die Sahne mit dem Zucker steif schlagen, unterheben und die Creme mindestens 2 Stunden kühl stellen.

3. Vor dem Servieren die zerbröselten Amaretti-Kekse über die Creme streuen (man kann die Brösel auch schon vorher unter die Creme rühren).

Saftiger Orangenkuchen

300 g Butter
5 Eier
300 g Zucker
300 g Mehl
3 TL Backpulver
etwas Butter
Saft von ca. 4 Orangen und 2 Zitronen
200 g Zucker

1. Die Butter mit den Eiern und dem Zucker schaumig rühren und Mehl und Backpulver untermischen. Eine Kastenform mit Butter einfetten, die Masse einfüllen und bei 200 °C im Ofen 45 Minuten backen.

2. Den noch warmen Kuchen mit einer Stricknadel in der Kastenform gleichmäßig einstechen. Den Saft der Orangen und Zitronen erhitzen und den Zucker darin auflösen. Warm über den Kuchen gießen, damit er sich voll saugt.

Tipp: Mit Schlagsahne zum Kaffee oder mit Vanilleeis, frischen Früchten oder einer Fruchtsauce (z. B. Orangensaft mit Campari oder Orangenlikör) als Dessert servieren.

Marmelade aus rosa Grapefruits und Blutorangen

1. Die Grapefruits und Orangen filetieren, d. h. mit einem scharfen Messer die Schale großzügig entfernen und die einzelnen Filets zwischen den weißen Fruchthäuten auslösen. Den Saft auffangen und mit den grob zerkleinerten Fruchtfilets einen Liter abmessen.

2. Mit dem Gelierzucker mischen und 3 Minuten sprudelnd kochen. Anschließend nach Belieben etwas Likör oder Campari unterrühren. Twist-off-Gläser mit heißem Wasser ausspülen und die Marmelade einfüllen. Den Deckel schließen und die Gläser auf den Kopf stellen, bis sie abgekühlt sind. So ist die Marmelade wochenlang haltbar.

Tipp: Diese Marmelade schmeckt zum Frühstück sehr gut, eignet sich aber auch hervorragend zur Zubereitung von Desserts oder Saucen.

2 rosa Grapefruits
ca. 4–5 Blutorangen
500 g Gelierzucker »2 zu 1«
Orangenlikör oder Campari nach Belieben

Ananasmarmelade

1. Von der Ananas den Stielansatz abschneiden und die Schale und die kleinen braunen Blütenansätze großzügig mit einem scharfen Messer entfernen. Die Frucht vierteln, den holzigen Kern entfernen, das Fruchtfleisch grob zerteilen und pürieren.

2. Das Fruchtfleisch abwiegen und die Hälfte des Gewichts an Gelierzucker unterrühren. Erhitzen und 3 Minuten sprudelnd kochen. Twist-off-Gläser mit heißem Wasser ausspülen und die Marmelade einfüllen. Nach Belieben mit etwas weißem Rum aromatisieren. Mit dem Deckel gut verschließen, auf den Kopf stellen, bis sie abgekühlt sind. Die Marmelade ist mehrere Wochen haltbar.

1 frische Ananas
500 g Gelierzucker »2 zu 1«
etwas weißer Rum nach Belieben

Volker Stelzmann

Februar

Frost und Schnee haben
Mensch und Natur
fest im Griff. Weißes Licht
siegt über die Schatten.
Des Winters träges
Gebaren weicht langsam.
Die Tage werden länger.

Februar

Menü

Forellenmousse
mit Blattsalat

Ravioli mit Lotte de Mer
und Sahnesauerkraut

Mohnparfait
auf Orangensauce

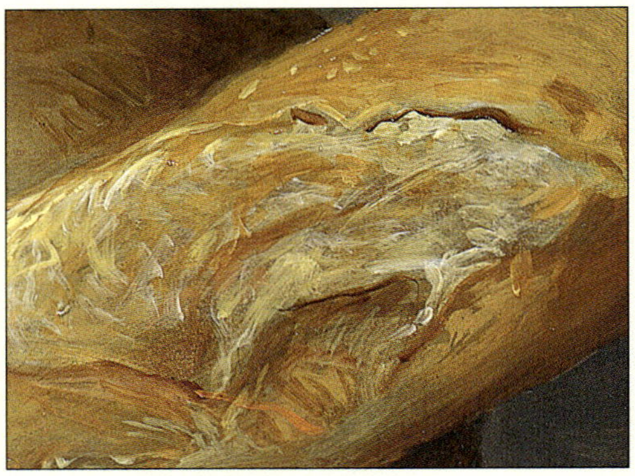

Forellenmousse

1. Die Gelatine in kaltem Wasser einweichen. Die Forellenfilets mit dem Gin und dem Zitronensaft pürieren. Den Gemüsefond erhitzen, die Gelatine darin auflösen und unter die Forellenmasse rühren. So lange kühl stellen, bis die Masse geliert.

2. Die Sahne steif schlagen, den Dill waschen, trockentupfen und fein hacken. Die steif geschlagene Sahne und die Hälfte des Dills unter die Forellenmasse heben und mit Salz und Pfeffer abschmecken. Die Mousse mindestens für 2 bis 3 Stunden kühlen, damit sie geliert.

3. Mit einem in heißes Wasser getauchten Löffel Klößchen abstechen und mit Dill garnieren. Dazu Blattsalat mit Vinaigrette servieren.

2 Blatt Gelatine
2 geräucherte Forellenfilets
2 EL Gin
Saft von 1 Zitrone
1/2 Tasse Gemüse- oder Fischfond
200 g Sahne
1/2 Bund Dill
Salz und Pfeffer

Fischterrine

1. Die Zwiebel schälen und in feine Würfel schneiden. Die Butter erhitzen und die Zwiebelwürfel darin glasig dünsten, mit dem Weißwein und Fischfond ablöschen und kurz aufkochen. Anschließend den Fisch etwa 10 Minuten bei milder Hitze darin ziehen lassen.

2. Die Gelatine in kaltem Wasser einweichen. Die Linsen in etwas Brühe weich kochen (etwa 10 Minuten). Die Tomaten überbrühen, häuten, entkernen und das Fleisch in Würfel schneiden. Das Basilikum, waschen, trockentupfen und klein schneiden.

3. Den Fisch aus dem Fond nehmen. Den Fond mit Salz, Pfeffer und dem Senf abschmecken. Die Gelatine in dem heißen Fond auflösen.

4. Eine Kastenform kalt ausspülen und mit Frischhaltefolie auslegen. Die Hälfte der Tomaten, Linsen, Kapern und des Basilikums hineinschichten. Den Fisch darauf legen und die zweite Hälfte der Tomaten, Linsen, Kapern und des Basilikums darauf geben. Mit dem Fischfond begießen, bis alles gut bedeckt ist und mehrere Stunden, am besten über Nacht, im Kühlschrank gelieren lassen.

5. Mithilfe der Klarsichtfolie die Terrine stürzen, eventuell die Form kurz in heißes Wasser tauchen. Die Terrine mit einem scharfen Messer vorsichtig in Scheiben schneiden und mit Blattsalat oder einer kalten Sauce aus Crème fraîche, Joghurt, Senf, etwas Zitronensaft, frischem Basilikum, Salz und Pfeffer servieren.

½ Zwiebel
25 g Butter
150 ml Weißwein
200 ml Fischfond
175 g frischer Fisch (z. B. Zander oder Rotbarsch)
5 Blatt Gelatine
3 EL rote Linsen und etwas Gemüsebrühe zum Garen
3 Tomaten
ein Bund frisches Basilikum oder Kerbel
Salz und Pfeffer
1 EL Dijon-Senf
2 EL Kapern

Ravioli mit Lotte de mer

½ kleine Zwiebel
25 g Butter
120 g Seeteufel (Lotte de mer)
etwas Noilly Prat
Salz und Pfeffer
1 EL Crème fraîche
100 g Mehl
einige Spritzer Essig
1 Ei

1. Für die Füllung die geschälte Zwiebel in feine Würfel schneiden und in der Butter glasig dünsten, den Fisch dazugeben und kurz bei milder Hitze wenden. Mit Noilly Prat ablöschen und den Fisch gar dünsten.

2. Falls nötig, die Flüssigkeit etwas reduzieren, mit Salz und Pfeffer abschmecken und den Fisch mit einer Gabel oder dem Pürierstab zerkleinern. Mit etwas Crème fraîche binden.

3. Für den Ravioliteig das Mehl, den Essig, das Ei und eine Prise Salz in der Küchenmaschine verrühren. Mit der Zugabe von Wasser warten, bis der Teig eine krümelige Konsistenz angenommen hat und dann langsam und tropfenweise etwas Wasser hinzufügen. Sobald der Teig geschmeidig geworden ist, mit den Händen kurz durchkneten und in der Nudelmaschine oder mit dem Nudelholz auf einer bemehlten Arbeitsfläche möglichst fein ausrollen.

4. Mit einem Messer kleine Teigplatten ausschneiden, mit der bemehlten Seite nach unten auf eine rechteckige Ravioliform legen. Mit einem Teelöffel in die Füllungen etwas Fischfüllung geben und eine zweite Teigplatte mit dem Nudelholz festrollen. Die Ravioliform umdrehen und die Ravioli herausklopfen. Für die Zubereitung ohne Ravioliform siehe S. 78.

5. Die Ravioli in kochendem Salzwasser etwa 5 Minuten gar ziehen lassen.

Tipp: Dazu passt Sahnesauerkraut.

Sahnesauerkraut

1 halbe Zwiebel
20 g Butter oder 1 EL Öl
300 g Sauerkraut
1 halber Apfel
150 ml Weißwein
3 EL Crème fraîche
Salz und Pfeffer

1. Die geschälte Zwiebel klein schneiden und in der Butter glasig dünsten. Das Sauerkraut zerpflücken und dazugeben.

2. Den Apfel schälen, das Kerngehäuse entfernen und in kleine Würfel schneiden. Zum Sauerkraut geben, umrühren und mit dem Weißwein ablöschen.

3. Etwa 15 Minuten leise köcheln lassen, dann mit der Crème fraîche abrunden und mit Salz und Pfeffer abschmecken.

Fischfilet im Reisblatt gegart

1. Die Reisblätter in einer großen Schüssel mit kaltem Wasser etwa 5 Minuten einweichen.

2. Inzwischen den Fisch mit Zitronensaft beträufeln, salzen und pfeffern. Die Tomaten waschen, Stielansatz entfernen und quer in dicke Scheiben schneiden. Die Basilikumblätter von den Stielen zupfen.

3. Die Reisblätter auf einem feuchten Küchenhandtuch ausbreiten, in die Mitte einige Basilikumblätter, eine dicke Tomatenscheibe und darauf eine Fischportion verteilen. Das Reisblatt darüber zusammenschlagen und die Päckchen in eine mit Olivenöl ausgepinselte Auflaufform setzen. Bei 200 °C im vorgeheizten Backofen garen und sofort servieren.

Tipp: Dazu passen z. B. kleine in Olivenöl gedünstete Zucchini- und Tomatenwürfel. Die Tomatenwürfel nur ganz kurz mit den Zucchini dünsten, da sie schnell zerfallen.

4 Reisblätter
700–800 g Fischfilet (gut eignen sich alle weißen Fischsorten wie Zander, Lotte de mer, Loup de mer)
Zitronensaft
Salz und Pfeffer
2 Tomaten
1 Bund Basilikum
etwas Olivenöl

Zanderfilet mit feinen Gemüsestreifen und Weißweinsahne

1. Das Gemüse putzen, waschen und klein schneiden. Möhre, Lauch und Zucchini in Streifen, Sellerie in Würfel schneiden. Die Tomate kurz in heißes Wasser tauchen und häuten, vierteln, entkernen und in Würfel schneiden. Möhre, Lauch, Zucchini und Sellerie kurz in Salzwasser blanchieren. Das Gemüse soll noch etwas Biss behalten.

2. Den Fisch mit Zitronensaft beträufeln, salzen und pfeffern.

3. Die Zwiebel schälen und in feine Würfel schneiden. In der Butter in der Pfanne glasig dünsten. Den Fisch dazugeben und kurz von beiden Seiten anbraten (nicht bräunen). Mit dem Weißwein ablöschen und etwa 10 Minuten (je nach Dicke des Fischfilets – ein Seezungenfilet braucht nur die Hälfte der Garzeit) dünsten. Den Fisch herausnehmen und warm stellen.

4. Falls nötig, den Weißwein reduzieren und die Crème fraîche unterrühren. Mit Senf, Zitronensaft, Salz und Pfeffer abschmecken und die Gemüsestreifen kurz darin erhitzen. Mit dem Fisch servieren.

Tipp: Man serviert dieses leichte Fischgericht mit Reis oder feinen Bandnudeln.

1 Möhre
1 kleine Stange Lauch
1 Stück Knollensellerie
1 kleiner Zucchino
1 Tomate
ca. 750 g Fischfilet (gut eignet sich Seezunge)
Zitronensaft, Salz und Pfeffer
1 Zwiebel, 50 g Butter
200 ml Weißwein
250 g Crème fraîche
1/2 TL Senf

Brot nach Art des Hauses

500 g Weizenmehl (Type 405)
1 Päckchen Trockenhefe oder 1/2 Würfel frische Hefe
1 TL Salz
1 TL Olivenöl

1. Aus den Zutaten einen glatten Teig rühren bzw. kneten oder in der Küchenmaschine kneten lassen. So viel warmes Wasser zugeben, bis der Teig geschmeidig ist, aber nicht mehr klebt. Die Teigschüssel mit einem Küchenhandtuch bedecken und den Teig an einem warmen und zugfreien Ort etwa 1 Stunde gehen lassen.

2. Eine Kastenform mit Öl auspinseln, den Teig noch einmal durchkneten und in die Form geben. Weitere 15 Minuten ziehen lassen und dann bei 180 °C etwa 1 Stunde backen.

Deftiges Bauernbrot

300 g Weizenschrot, 300 g Roggenschrot
400 g Weizenmehl (Type 405)
1 Päckchen Natursauerteig
1 Päckchen Trockenhefe
1 TL Honig
ca. 25 g brauner Zucker oder 2 EL Zuckerrübensirup
2 TL Salz
ca. 75 g Sonnenblumenkerne, ca. 75 g Sesam

1. Die Schrotsorten und das Mehl mit dem Sauerteigextrakt und der Hefe mischen. Den Honig, den Zucker, das Salz und so viel warmes Wasser unterrühren, bis ein geschmeidiger Teig entsteht. Die Sonnenblumenkerne und den Sesam unterkneten und den Teig mit einem Küchenhandtuch zudecken und an einem warmen und zugfreien Ort etwa eine Stunde gehen lassen.

2. Eine große Kastenform mit etwas Öl einfetten, den Teig noch einmal durchkneten und einfüllen. Weitere 15 Minuten gehen lassen und bei 180 °C etwa 1 Stunde backen.

Variation: Nach Belieben kann man auch die Sonnenblumenkerne durch Nüsse ersetzen.

Tipp: Das kräftige Brot schmeckt hervorragend mit gesalzener Butter, Schmalz oder würzigen Käsesorten.

Oliven-Salbei-Brot

350 g Mehl (Type 405), 150 g Mehl (Type 1040)
1 Würfel frische Hefe, Salz
100 g schwarze Oliven
1 Zweig Rosmarin
2 EL Olivenöl

1. Aus einem 1/4 des Mehls mit der Hefe, einer Prise Salz und etwas lauwarmem Wasser einen Vorteig rühren und zugedeckt 15 Minuten an einem zugfreien, warmen Ort gehen lassen. Die Oliven entkernen und klein schneiden. Das restliche Mehl, die Oliven und Rosmarinnadeln, das Öl und etwas Wasser dazugeben und gut durchkneten.

2. Einen länglichen Brotlaib formen und noch einmal gehen lassen. Das Brot 60 Minuten bei 180 °C im Ofen backen.

Tipp: Das Brot passt ausgezeichnet zu einem Glas Wein und Käse.

Laugenbrötchen und Brezeln

500 g Weizenmehl (Type 405)
Salz, Zucker
1 Würfel frische Hefe
5 g Natron
25 g grobes Salz zum Bestreuen

1. Aus dem Mehl, je einer Prise Salz und Zucker, der Hefe und einer Tasse warmem Wasser einen Teig rühren. So viel Wasser untermischen, dass er geschmeidig wird, aber nicht klebt. Mit einem Küchenhandtuch abdecken und an einem warmen und zugfreien Ort etwa 1 Stunde gehen lassen. Noch einmal gut durchkneten und erneut 15 Minuten gehen lassen.

2. Mit bemehlten Händen Brötchen und Brezeln formen. Das Natron in einem Topf mit Wasser zum Kochen bringen und die Brötchen und Brezeln darin etwa 1/2 Minute ziehen lassen. Mit einer Schaumkelle herausnehmen, auf ein gefettetes Blech setzen und mit dem groben Salz bestreuen. Bei 200 °C etwa 25 Minuten im Ofen backen.

Tipp: Besonders gut sind Brezeln und Laugenbrötchen zu Leberkäse mit süßem Senf.

Süßer Brotauflauf mit Weinschaumsauce

10 Milchbrötchen
ca. 3/4 l Milch
100 g Zucker
3 Eier
2 EL Semmelbrösel
50 g Butter
1/2 l Wein, 3 EL Speisestärke
2 Eigelb, 3 EL Zucker

1. Die Brötchen mit einer Küchenreibe grob abreiben. Die Milch erhitzen (nicht kochen), Zucker und Eier verquirlen und untermischen. Die Brötchen damit übergießen und vollsaugen lassen.

2. Die vollgesogenen Brötchen vorsichtig in eine gebutterte Auflaufform setzen. Mit Semmelbröseln überstreuen und Butterflöckchen darauf verteilen. Bei 200 °C etwa 45 Minuten im Ofen backen.

3. Für die Weinschaumsauce 400 ml Wein erhitzen, die Speisestärke mit den restlichen 100 ml Wein verquirlen und unter den kochenden Wein rühren. Kurz aufkochen lassen, damit die Sauce bindet. Das Eigelb mit dem Zucker aufschlagen und mit dem Schneebesen unter die leicht abgekühlte Weinsauce ziehen.

Variation: Man kann die Brötchen auch einzeln in den Semmelbröseln wenden und in der Pfanne in Butter backen.

Leichtes Spinatomelett

ca. 100 g Blattspinat
3 Eier
75 g Mehl
2 EL geriebener Parmesan
ca. 100 ml Milch
Salz
Öl zum Ausbacken

Den Blattspinat waschen, blanchieren und fein hacken. Aus den Eiern, dem Mehl, dem Parmesan und dem Spinat mit Milch und einer Prise Salz einen glatten, recht dünnflüssigen Pfannkuchenteig rühren und ausquellen lassen (etwa 15 Minuten). In heißem Öl mehrere Pfannkuchen backen und warm stellen.

Variationen:

• Spinatomelett mit Lachs: Ein Stück Lachsfilet mit Zitronensaft beträufeln, mit etwas Crème fraîche bestreichen, mit blanchiertem Blattspinat bedecken und in ein Spinatomelett rollen. In einer gefetteten Auflaufform etwa 15 Minuten im Ofen bei 200 °C backen. Dazu etwas gedünsteten Blattspinat servieren.

• Spinatomelett mit Champignons: Blättrig geschnittene Champignons in Butter dünsten und etwas Crème fraîche unterrühren. Mit Salz, Pfeffer und Muskat abschmecken und zu den Spinatomeletts servieren.

• Spinatomelett-Crostini: Ein hauchdünnes Spinatomelett auf gerösteten Weißbrotscheiben servieren.

Gefüllte Eier »Nicoise«

4 hart gekochte Eier
1 kleine Zwiebel
1 Tomate
1 Dose Thunfisch (im eigenen Saft)
1 grüne oder gelbe Paprika
1 EL Kapern
1 TL Zitronensaft
1 TL Olivenöl
Salz und Pfeffer

1. Die hart gekochten Eier halbieren und das Eigelb mit einer Gabel zerdrücken. Die Zwiebel schälen und in feine Würfel schneiden. Die Tomate waschen, vierteln, entkernen und das Fruchtfleisch in feine Würfel schneiden.

2. Den Thunfisch zerpflücken, die Paprika putzen, waschen und wie die Kapern in feine Würfel schneiden. Alles miteinander vermischen, mit Zitronensaft und Olivenöl zu einer glatten Masse verrühren und mit Salz und Pfeffer abschmecken.

3. Die Masse in die Eierhälften füllen und die restliche Mischung auf gerösteten Weißbrotscheiben servieren.

Mohnmousse

4 Blatt Gelatine
50 g Mohn
150 ml Milch
100 g weiße Kuvertüre
2 Eigelb
75 g Zucker
2 Eiweiß
200 g Sahne

1. Die Gelatine in kaltem Wasser einweichen. Inzwischen den Mohn in der Milch etwa 10 Minuten nach kurzem Aufkochen bei mäßiger Hitze quellen lassen. Anschließend die Kuvertüre in der Mohnmilch schmelzen lassen. Die abgetropfte Gelatine in der Masse auflösen und die Mischung abkühlen lassen.

2. Eigelb mit dem Zucker zu einer weißen Creme aufschlagen und unter die Mohncreme rühren. Eiweiß zu Schnee schlagen, die Sahne ebenfalls steif schlagen und beides unter die Creme heben. Die Mohnmousse mindestens 3 Stunden kühlen, damit sie gelieren kann.

3. Zum Servieren mit einem in heißes Wasser getauchten Löffel Klößchen abstechen und mit frischen Früchten auf einen Fruchtsaucenspiegel servieren (z. B. Mangofruchtpüree als Saucenspiegel und dazu frische Kiwischeiben oder Feigenviertel).

Variation: Mohnparfait: Man kann die Gelatine weglassen und die Masse in der Eismaschine etwa 20 Minuten unter Rühren vorgefrieren. Anschließend etwa 45 Minuten in die Tiefkühltruhe geben und immer wieder kurz durchrühren, damit sie geschmeidig bleibt.

Da das Parfait sehr süß ist, empfiehlt sich eine eher herbe Dessertsauce. Frischer Orangensaft, mit etwas Speisestärke angedickt und mit einem kräftigen Schuss Campari abgeschmeckt, passt sehr gut oder auch Grapefruitsaft mit Orangenlikör.

Mandelbaisertorte mit Orangensahne

125 g Butter, 125 g Zucker
Mark von 1 Vanilleschote
4 Eigelb, 150 g Mehl
2 TL Backpulver, 2 EL Milch
4 Eiweiß, 100 g Zucker
100 g Mandelblätter
3 Blatt Gelatine
⅛ l frisch gepresster Orangensaft
100 g Zucker
200 g Sahne
Puderzucker zum Bestäuben

1. Für den Teig die Butter, den Zucker, das Mark der Vanilleschote, das Eigelb, Mehl, Backpulver und die Milch schaumig rühren.

2. Für das Mandelbaiser das Eiweiß mit dem Zucker steif schlagen und die Mandelblätter untermischen.

3. Eine Springform einfetten und die Hälfte des Teiges hineingeben. Die Hälfte der Mandel-Eischnee-Masse darauf verteilen und bei 180 °C im vorgeheizten Backofen 15 bis 20 Minuten backen. Mit der zweiten Teig- und Baiserhälfte ebenso verfahren. Die Teigböden abkühlen lassen.

4. Die Gelatineblätter in kaltem Wasser einweichen. Den Orangensaft mit dem Zucker erhitzen. Die Gelatine darin auflösen und die Masse kalt werden lassen. Wenn sie anfängt fest zu werden, die Sahne steif schlagen und unterrühren.

5. Einen Baiserboden mit der Orangencreme bestreichen und vorsichtig den zweiten Baiserboden darauf setzen. Mit Puderzucker bestäuben.

Capri – Villen am Meer,
Aquarell, 20,7 x 33,4 cm, 1995

Ein Morgen bei Athen,
Aquarell, 19,5 x 25,5 cm, 1982

Bei Kamini/Hydra,
Aquarell, 21,8 x 30,7 cm, 1982

Regentag im Dombaital/Kaukasus,
Aquarell, 22,8 x 26,5 cm, 1977

Werner Tübke wurde 1929 in Schönebeck an der Elbe geboren. Nach dem Studium an der Hochschule für Grafik und Buchkunst in Leipzig sowie dem Studium der Kunsterziehung und Psychologie an der Ernst-Moritz-Arndt-Universität Greifswald absolvierte er das Staatsexamen in Kunstgeschichte. 1972 wurde er Professor an der Hochschule für Grafik und Buchkunst Leipzig. 1973 bis 1976 bekleidete er das Amt des Rektors an dieser Hochschule. 1985 verlieh ihm die Karl-Marx-Universität Leipzig die Würde eines Doktors ehrenhalber.
1970 bis 1973 schuf Werner Tübke ein Wandbild für die Leipziger Universität, 1976 bis 1987 das Monumentalgemälde »Frühbürgerliche Revolution in Deutschland« im Panoramamuseum bei Bad Frankenhausen in Thüringen.
Anfang der Neunzigerjahre entwarf er das Bühnenbild für eine »Freischütz«-Inszenierung der Bonner Oper, 1994 bis 1996 arbeitete er am Altarbild für die St.-Salvatoris-Kirche in Clausthal-Zellerfeld.
Werner Tübke erhielt zahlreiche Kunstpreise, ist Mitglied bzw. Ehrenmitglied mehrerer Akademien der Künste und beschickte viele Ausstellungen im In- und Ausland. Sein Werk umfasst weit über 5000 Titel (Zeichnungen, Aquarelle, Gemälde und Druckgrafiken).

Madonna mit Lamm,
Mischtechnik auf Holz, 50 x 60 cm, 1998

Jakobswunder,
Mischtechnik auf Holz, 40 x 50 cm, 1998

Stillleben mit Spargel und Artischocke,
Mischtechnik auf Hartfaser, 39,3 x 46,7 cm, 1998

Michael Triegel wurde 1968 in Erfurt geboren. Nach dem Abitur 1987 war er zunächst als Schrift- und Grafikmaler tätig.
1990 bis 1995 absolvierte er das Studium der Malerei und Grafik an der Hochschule für Grafik und Buchkunst in Leipzig. Er war Meisterschüler bei Arno Rink.
Nach dem Diplom folgte ein Aufbaustudium von 1995 bis 1997 bei Prof. U. Hachulla.
1996 erhielt Michael Triegel den »Deutschen Kunstpreis 96/97« der Volks- und Raiffeisenbanken.
Seit 1990 unternahm der Künstler häufige Studienreisen nach Italien, die seine Arbeiten nachhaltig beeinflussten.
Zahlreiche Einzelausstellungen wie auch Ausstellungsbeteiligungen präsentierten seine Arbeiten im In- und Ausland. Eine Ausstellung in Chicago, USA, markiert den vorläufigen Höhepunkt im Werdegang Michael Triegels.

Kaspars Krebsschüssel,
Öl auf Hartfaser, 83 x 125 cm, 1998

Kaspars Salatschüssel,
Öl auf Hartfaser, 83 x 125 cm, 1997

Kaspars Lachstopf,
Öl auf Hartfaser, 83 x 125 cm, 1997

Hartwig Ebersbach wurde 1940 in Zwickau geboren und lebt heute in Leipzig. Er studierte von 1959 bis 1964 an der Hochschule für Grafik und Buchkunst in Leipzig bei Bernhard Heisig und Hans Mayer-Foreyt. Seit Beendigung seiner Studien ist er freischaffend tätig.
1978 entstand in Zusammenarbeit mit dem Komponisten Friedrich Schenker und der »Gruppe Neue Musik Hanns Eisler« das aktionelle Musiktheater »Missa Nigra«. Die Jahre 1979 bis 1983 waren geprägt durch die Lehrtätigkeit (Spezialgebiet Experimentelle Kunst) an der Hochschule für Grafik und Buchkunst. Seit 1981 erfuhr Hartwig Ebersbach immer wieder Behinderungen in seinen Ausstellungs- und Reiseaktivitäten. Von 1981 bis 1983 arbeitete Ebersbach mit der experimentellen »Gruppe 37.2«, Leipzig, zusammen. 1985 erhielt er den Kunstpreis der Künstler Düsseldorf. In den Jahren 1988 bis 1992 unternahm der Künstler mehrere Auslandsreisen, die ihn in die USA, nach Japan und Südafrika führten. 1992 ist er eines der Gründungsmitglieder der Freien Akademie der Künste zu Leipzig. Seit 1996 erhält die Sächsische Akademie der Künste Dresden und die Akademie der Künste Berlin-Brandenburg durch Hartwig Ebersbach wesentliche Akzente. Ebersbach ist mit seinem Werk durch Einzelausstellungen und Ausstellungsbeteiligungen im In- und Ausland seit über 30 Jahren bekannt.

Die Quitte,
Mischtechnik auf Papier, 49,5 x 64,5 cm, 1999

Herbst,
Mischtechnik auf Papier, 50 x 65 cm, 1999

Der Trüffeltisch,
Mischtechnik auf Papier, 49,5 x 64,5 cm, 1999

Andreas Wachter wurde 1951 in Chemnitz geboren. Von 1974 bis 1980 studierte er an der Hochschule für Grafik und Buchkunst in Leipzig. Er war Meisterschüler von Arno Rink und Volker Stelzmann.

Nach Beendigung seiner Studien ist er seit 1980 freischaffend als Künstler tätig. Andreas Wachters Werk ist in vielen Einzelausstellungen in renommierten deutschen Galerien vertreten.

1995 erhielt er den Kunstpreis der Dragoco AG, Holzminden.

Im gleichen Jahr zeigte er Arbeiten anlässlich der Art Frankfurt – one-man-show.

Andreas Wachter beteiligte sich an weiteren Ausstellungen im In- und Ausland, u.a. in der La Fayette College Art Gallery, Easton, Pennsylvania.

Stillleben mit Wirsing und Äpfeln,
Mischtechnik auf Hartfaserplatte, 40 x 60 cm, 1998

Stillleben mit Zitrusfrüchten,
Mischtechnik auf Hartfaserplatte, 40 x 60 cm, 1998

Brotstillleben,
Mischtechnik auf Hartfaserplatte, 40 x 60 cm, 1998

Volker Stelzmann wurde 1940 in Dresden geboren. 1948 siedelte er nach Leipzig über, seit 1986 lebt er in West-Berlin.
Volker Stelzmann absolvierte in den Jahren 1957 bis 1960 eine Lehre als Feinmechaniker und übte diesen Beruf in den folgenden Jahren aus. Er studierte 1963 bis 1968 an der Hochschule für Grafik und Buchkunst in Leipzig. In den Jahren 1968 bis 1973 war er freischaffend in Leipzig tätig.
Die Lehrtätigkeit von 1975 bis 1986 bindet Volker Stelzmann an Leipzig und die Hochschule für Grafik und Buchkunst. Im Jahr 1982 erhielt Volker Stelzmann eine Professur.
Von 1987 bis 1988 nahm der Künstler eine Gastprofessur an der Städelschule in Frankfurt am Main wahr.
Seit 1988 lehrt er an der Hochschule der Künste in Berlin. Er lebt und arbeitet in Charlottenburg.
Stelzmanns Arbeiten wurden in zahlreichen Einzelausstellungen und Ausstellungsbeteiligungen im In- und Ausland präsentiert.

Kirsten Gerberding ist 38 Jahre alt und wurde als Tochter eines Landwirtes geboren.
Sie ist verheiratet und hat drei Kinder.
Kunst, Kultur und Kommunikation zwischen Menschen sind ein Leitfaden in ihrem Leben. Eine Ausbildung als Journalistin beim Täglichen Anzeiger Holzminden sowie eine Tätigkeit im Feuilleton der Hannoverschen Allgemeinen Zeitung spiegeln dies ebenso wider wie die Gründung des Kunstpreises der Dragoco AG.
Seit 1987 ist sie Kuratoriumsvorsitzende dieses Preises. Der Umgang mit Künstlern ist Freude, die Akzeptanz des Kunstpreises – auch über Landesgrenzen hinweg – ist ihr ein besonderes Anliegen. Seit 1995 ist sie Beiratsmitglied des Förderkreises für das Museum der bildenden Künste in Leipzig.
Seit 1999 ist Kirsten Gerberding als Beraterin und Trainerin in einem Unternehmen für Personalentwicklung tätig.
Sie ist eine begeisterte Köchin und schätzt Hospitalität als besondere Wertbindung zwischen Menschen und Kulturen.
Der gedeckte Tisch ist für sie ein Kleinklima für Lebensqualität und Kultur. Um eine gute Gastgeberin zu sein, bedarf es für sie der Kreativität, Spontanität und Lebensfreude.

Sofie Albert-Meisieck wurde 1956 als Tochter eines Forstdirektors geboren.
Sie ist promovierte Agrarwissenschaftlerin und Pferdewirtin und von jeher der Landwirtschaft und Natur verbunden.
Seit 1989 arbeitet sie als Pressesprecherin des Landschulheims am Solling, einem Internat in Holzminden.
Ihre Familie stammt aus dem Weinbaugebiet Rheinhessen und die Arbeit in den Weinbergen und Obstgärten prägte ihre Kindheit. Die Verbundenheit zu Wein und gutem Essen wurde ihr sozusagen in die Wiege gelegt und war ein Grundstein dafür, später auf diesem Terrain selbst zu experimentieren.
Auf zahlreichen Reisen mit ihrem Mann in verschiedene Länder Europas und Asiens sammelte Sofie Albert-Meisieck viele Rezepte, und die Idee entstand, diese in einem Kochbuch festzuhalten.
Was zunächst eine gelbe Kladde mit einer Vielzahl an Rezepten und Kochideen war, entwickelte sich dann eingebunden in einen künstlerischen Rahmen zu dem vorliegenden Buch.

1. Auflage 1999

Rezepte	Sofie Albert-Meisieck
Texte	Kirsten Gerberding
Redaktion	Edelgard Prinz-Korte, Kathrin Ullerich
Layout und Umschlaggestaltung	Zero, München
DTP	Werner Kopp
Herstellung	Karin Mayer, Peter Karg-Cordes
Lithografie	inteca Media Service GmbH, Rosenheim
Druck	OAN, Leipzig
ISBN	3-932023-31-5

Auf dem Schuber, dem Einband und auf den Seiten 3 und 6 (Ausschnitt) ist das Bild »Quitte in Herbstlandschaft« von Andreas Wachter (Mischtechnik auf Hartfaserplatte, 107 x 64 cm, 1996) abgedruckt.

Wir danken dem Suhrkamp Verlag, Frankfurt, für die freundliche Abdruckgenehmigung der Gedichte auf den Seiten 43 und 99. Die Bilder auf den Seiten 8 und 10 wurden vom AKG, Berlin, zur Verfügung gestellt.

Besuchen Sie uns auch im Internet unter der Adresse www.zsverlag.de.